Heinz Heinen

GESCHICHTE DES HELLENISMUS

Von Alexander bis Kleopatra

Verlag C. H. Beck

Mit 10 Abbildungen und 4 Karten

Originalausgabe
© Verlag C. H. Beck oHG, München 2003
Gesamtherstellung: Druckerei C. H. Beck, Nördlingen
Umschlagabbildung: Delos, Haus der Masken. Dionysos reitet
auf einem Panther (Ausschnitt), 2. Hälfte 2. Jh. – Mosaik.
Photo: Galerie de la Pléiade. Émile Séraf
Umschlagentwurf: Uwe Göbel, München
Printed in Germany
ISBN 3 406 48009 8

www.beck.de

Meinem Freund und Kollegen
Ralf Urban

Inhalt

1. Einleitung

1.1 Thema, Zeit und Raum

Der Hellenismus als eigene Epoche der antiken Geschichte ist eine Entdeckung der neuzeitlichen Forschung. Der Terminus *hellenismos* hingegen ist alt. In der Antike bezeichnete er die Beherrschung der griechischen Sprache, darüber hinaus auch die Aneignung griechischer Kultur und Religion. In diesem letzteren Sinne wurde der Begriff von denjenigen negativ verwendet, die den Polytheismus, den «Götzendienst», der Griechen ablehnten, zunächst von den Juden, später von den Christen. Neutral hingegen spricht das *Neue Testament (Apostelgeschichte* 6,1) von den Hellenisten, wenn es griechisch sprechende Juden meint und damit den Begriff auf das rein Sprachliche beschränkt. Das antike Bedeutungsspektrum des Begriffes Hellenismus findet sich in der Moderne wieder: sowohl zur Bezeichnung der griechischen Sprache, in der das Neue Testament abgefaßt ist, als auch zur Charakterisierung der konfliktreichen Begegnung des Griechentums mit dem Osten, speziell mit dem Judentum.

Doch die Entdeckung des Hellenismus als einer eigenen Epoche der alten Geschichte ist die Leistung des deutschen Historikers Johann Gustav Droysen (1808–1884). Ihm ist es zu verdanken, daß die Zeit nach dem Ende der klassischen griechischen Poliskultur im 4. Jh. und vor dem Beginn der römischen Herrschaft über den gesamten Mittelmeerraum nicht nur als ein dekadentes Anhängsel der griechischen Geschichte, sondern als eine Epoche mit eigenen Konturen und mit bedeutsamen Leistungen für die Menschheitsgeschichte erfaßt wurde. Wesentlich für den protestantischen Pfarrerssohn Droysen war die Auffassung, daß die mit den Eroberungen Alexanders des Großen (336–323) einsetzende Vermischung der Völker und Kulturen die Begegnung des Griechentums mit dem Judentum herbeigeführt und damit dem Christentum als dem Ergebnis dieser Begegnung den Boden bereitet habe.

Wenngleich Droysens Konzeption von Hellenismus Angriffsflächen bietet, so hat sich doch seine Auffassung von einer hellenistischen Epoche in der Geschichte des Altertums durchgesetzt. Zwar hat man richtig bemerkt, daß typische Züge dessen, was als hellenistisch betrachtet werden kann, schon vor Alexander sichtbar wurden und noch weiterwirkten, als Rom 30 v. Chr. den letzten hellenistischen Großstaat, Ägypten, ausgeschaltet und politisch das hellenistische Zeitalter beendet hatte. Doch Droysen hat recht, wenn er feststellt: «Der Name Alexander bezeichnet das Ende einer Weltepoche, den Anfang einer neuen.» (Geschichte des Hellenismus, I, S. 3).

Schon antike Beobachter, die aus wesentlich kürzerer Distanz als wir Heutige urteilten, haben das durch den Makedonen Alexander herbeigeführte Ende des persischen Großreiches als Beginn einer neuen Epoche empfunden und eine weitere Epoche beginnen lassen, als die Römer 168 den makedonischen Staat auflösten und als einzige Großmacht ihre Herrschaft über den gesamten Mittelmeerraum ausdehnten. Der Abschluß dieses Vorganges mit der Eroberung Ägyptens und dem Tod Kleopatras 30 v. Chr. ist auch der Endpunkt der vorliegenden Darstellung. Ihre räumlichen Grenzen werden durch den Eroberungszug Alexanders und die Staaten seiner Nachfolger gezogen. Sie umschließen also die Gebiete von Makedonien bis zum Indus sowie die Küstenzonen des Schwarzmeerraumes, die zur Welt des östlichen Griechentums gehörten. Sizilien hingegen und Unteritalien bleiben ausgeschlossen, weil sie vom 3. bis 1. Jh. trotz aller Verbindungen nach Osten eher in die römische und karthagische Geschichte einbezogen waren. Dennoch ist hier nur sehr ungern auf die Behandlung des westlichen Griechentums verzichtet worden. Auch sonst konnte vieles Wichtige aus Platzgründen nicht zur Sprache kommen.

Alle Daten sind v. Chr., soweit nicht anders angegeben.

1.2. Die Voraussetzungen

So rasch und überraschend erfolgreich Alexander der Große durch seine Eroberungen die Grundlagen für den Hellenismus gelegt hat, so sind doch seine Erfolge nicht ohne die Stärke seiner Ausgangsposition und die Schwächen seiner Gegner zu begreifen. Diese günstigen Voraussetzungen waren bereits durch seinen Vater und Vorgänger auf dem makedonischen Königsthron, Philipp II., geschaffen worden. Im Laufe seiner relativ langen Regierungszeit (359–336) hatte dieser durch eine zielstrebige Mischung aus diplomatischem Druck und militärischem Einsatz sein Stammreich Makedonien erheblich erweitert (Päonien im Norden) und auf Kosten der Griechen an der Nordküste der Ägäis ausgedehnt (Karte 1). Ganz systematisch hatte Philipp sodann den Ausbau seiner hegemonialen Stellung in den Kerngebieten Griechenlands betrieben. Der Widerstand des von dem Athener Demosthenes organisierten Hellenenbundes kam zu spät und konnte keine Wende mehr erzwingen. Die Niederlage der Gegner Philipps 338 in der Schlacht von Chaironeia (im mittelgriechischen Böotien) läutete den Niedergang der griechischen Stadtstaaten ein und garantierte zugleich die führende Stellung Makedoniens im griechischen Mutterland. Sie fand ihren deutlichsten Ausdruck in der Schaffung des Korinthischen Bundes, der den Makedonenkönig zu seinem Feldherrn und lebenslänglichen Führer (*hegemon*) wählte; Sparta jedoch stand abseits. Schon 337 beschloß der Bund den Krieg gegen das Perserreich aus Rache für den mehr als 140 Jahre zurückliegenden Feldzug des Xerxes gegen Griechenland. Die gegeneinander gerichteten Feindseligkeiten griechischer Stadtstaaten, die Spannungen, die allerorten zur Vertreibung oppositioneller Kräfte aus den eigenen Poleis geführt hatten, Haß und Ablehnung, die viele gegen die makedonische Vorherrschaft empfunden hatten, all dies hatte in den vergangenen Jahrzehnten das politische und gesellschaftliche Klima in Griechenland vergiftet. Mit dem Krieg gegen die persischen «Barbaren» im Osten sollte dieses allgemeine Aggressionspotential gegen einen äußeren Feind gelenkt werden. Die militärischen Operationen wurden 336 durch

Karte 1: Der Aufstieg Makedoniens unter Philipp II.

die makedonischen Generäle Parmenion und Attalos eröffnet.
Hier traten die Makedonen mit dem Anspruch auf, die Griechenstädte an der Westküste Kleinasiens vom «Joch der Perserherrschaft» zu befreien. Die Stoßrichtung des späteren Alexanderzuges war damit bereits vorgegeben. Freilich hatten weder König Philipp noch die ihn unterstützenden Griechen die
Absicht, das Perserreich der Achämeniden zu stürzen. Das hät-

ten sie sich selbst in ihren kühnsten Träumen nicht zugetraut. Allenfalls konnten sie hoffen, dem «Erbfeind» die griechischen Küstenstädte und bestenfalls noch größere Teile des Hinterlandes zu entreißen. Die Ermordung des Perserkönigs Artaxerxes III. Ochos 338/37 und die Schwäche seines Nachfolgers Arses schienen dafür günstige Voraussetzungen zu bieten. Doch ehe Philipp durchschlagende Erfolge erzielen konnte, fiel er selbst 336 einem Mordanschlag zum Opfer. Nun kam alles auf seinen jungen Nachfolger an, Alexander, Sohn Philipps und der epirotischen Prinzessin Olympias.

Doch die Übersicht über die von Philipp geschaffene günstige Ausgangslage Alexanders wäre nicht vollständig ohne einen Blick auf die Errichtung der makedonischen Herrschaft über Thrakien (etwa heutiges Bulgarien) und deren Ausstrahlung bis zur Donau. Als Philipp starb, war Makedonien die führende Macht nicht nur in Griechenland, sondern auch auf dem Balkan. Es war ein beachtliches, wenngleich nicht wirklich befriedetes und integriertes Potential, auf das Alexander für seine Pläne zurückgreifen konnte.

Wie stand es nun um das Perserreich, die Großmacht im Osten, die sich von der Westküste Kleinasiens bis zum Hindukusch, von Zentralasien bis zur Südgrenze Ägyptens erstreckte? Dieses riesige, in Satrapien unterteilte Territorium wurde ganz wesentlich durch den Großkönig aus der Dynastie der iranischen Achämeniden und durch die in seinen Diensten stehenden Adelsfamilien zusammengehalten. Regionale Abfallbewegungen, beispielsweise in Ägypten, hatte es des öfteren gegeben. Sie konnten, wenn auch bisweilen nur mit größter Mühe, niedergerungen werden. Immerhin ließen sie erkennen, daß der Zusammenhalt des Perserreiches nicht unerschütterlich war. Nicht weniger gefährlich waren Prätendentenkämpfe in der Reichsspitze selbst, etwa bei der Auseinandersetzung zwischen Artaxerxes II. und seinem jüngeren Bruder Kyros. Die griechischen Söldner des letzteren, die «Zehntausend», schlugen ihre Gegner bei Kunaxa unweit Babylon (401). Doch der Sieg war vergebens, denn Kyros fiel in der Schlacht. Allerdings hatte sich bei diesem Unternehmen die Überlegenheit griechischer Soldaten deutlich gezeigt. Ihnen war, freilich unter dem Oberbefehl eines achämenidischen Prinzen, der Vorstoß ins Zentrum des Perserreiches gelungen, eine stolze Erfahrung, die der Historiker und Augenzeuge Xenophon in seiner *Anabasis* festgehalten hat und die auch in den Tagen Alexanders des Großen nicht vergessen war.

2. Historischer Überblick

2.1 Alexander der Große (336–323)

«Und so sei es eigentlich richtiger, wenn die Makedonen ihrem eigenen König (d. h. Alexander) göttliche Ehren erwiesen. Denn gebe es schon daran keinen Zweifel, daß man ihn nach seinem Tod als Gott verehren werde, wieviel richtiger sei es dann, ihm schon im Leben zu huldigen: Sei er erst einmal tot, habe er nichts mehr davon.» (Aus der Rede des griechischen Philosophen Anaxarchos vor Alexander und seiner Begleitung, nach Arrian, *Anabasis* 4, 10,7)

«Bis zu den Grenzen der Erde drang er (d. h. Alexander) vor und holte sich von vielen Völkern Beute. Vor ihm verstummte die Erde. Da wurde sein Herz übermütig und erhob sich.» (*Altes Testament, 1 Makkabäer* 1,3)

Wer über Alexander den Großen schreiben will, verfügt nicht nur über historische und biographische Werke der Antike, nicht nur über archäologische, numismatische und inschriftliche Zeugnisse, sondern er sieht sich vor allem einer schier unübersehbaren Fülle von Forschungen und Meinungen gegenüber. Jede Generation, jede weltanschauliche Richtung prägte ihr eigenes Bild von der Persönlichkeit und den Zielen des Makedonen.

Alexander wurde 356 geboren, gelangte 336 zur Herrschaft und starb 323, noch nicht einmal 33 Jahre alt. Nach den 13 Jahren seiner Herrschaft war in der Alten Welt nichts mehr wie vorher. Als Philipp 336 ermordet wurde, trat Alexander, der spätere Große (Alexander III. in der makedonischen Dynastie), gerade einmal zwanzig Jahre alt, das Erbe seines Vaters an. Mit rücksichtsloser Gewalt beseitigte er echte oder vermeintliche Rivalen und Gegner. Nachdem er seine Herrschaft in Makedonien gesichert hatte, galt der nächste Schritt der Festigung seiner hegemonialen Stellung in Griechenland. Auch hier übernahm er sogleich die Positionen seines Vaters, ließ sich zum Führer des Korinthischen Bundes und zum Oberbefehlshaber in dem unlängst angelaufenen Perserkrieg wählen. Währenddessen probten Thrakien und die Gebiete an der unteren Donau den Aufstand gegen den neuen König, um die makedonische Herrschaft abzuschütteln. Alexander reagierte sofort, warf die Rebellen nieder und sicherte auf diese Weise die nördliche Flanke seines Reiches. Desgleichen behauptete er sich in Kämpfen gegen die benachbarten Illyrer im Nordwesten (etwa in der Nordhälfte des heutigen Albanien). Als sich die Falschmeldung verbreitete, Alexander sei in diesen Kämpfen gefallen, machte sich in Griechenland offener Widerstand gegen die Makedonen Luft. Die Thebaner belagerten die bei ihnen stationierte makedonische Besatzung, wurden jedoch von dem in Eilmärschen heranrückenden Alexander geschlagen (335). Es ist bezeichnend für dessen Brutalität und den Zusammenbruch des griechischen Widerstands, daß der aus Griechen bestehende Korinthische Bund Alexander zuliebe die völlige Zerstörung Thebens und den Verkauf der Bevölkerung in die Sklaverei beschloß.

Mit diesen Maßnahmen zur inneren und äußeren Sicherung seiner und der makedonischen Herrschaft stand Alexander durchaus in der Tradition seines Vaters Philipp, auch was die Rücksichtslosigkeit des Vorgehens betraf. Der nächste Schritt, der Krieg gegen die Perser, lag ebenfalls auf der von Philipp vorgezeichneten Linie. Freilich waren die erfolgreichen Vorstöße der Makedonen an der Westküste Kleinasiens nach dem Tod Philipps zurückgeschlagen worden. Nur wenige Brückenköpfe auf kleinasiatischem Boden waren noch in makedonischer Hand, als Alexander im Frühjahr 334 seinen Feldzug eröffnete und den Hellespont überschritt (Karte 2). Gemessen an den Ressourcen des persischen Großkönigs war die Zahl der Alexander begleitenden Truppen sehr bescheiden: etwa 30 000 Mann Infanterie und 5000 Reiter. Den Kern, jedoch weit weniger als die Hälfte des Heeres, bildeten 12 000 Makedonen, zumeist Soldaten, die schon unter Philipp gekämpft hatten. Als Bündner bzw. Soldaten folgten vor allem Griechen und Thraker. Mag auch das Heer Alexanders zahlenmäßig nicht besonders eindrucksvoll

gewesen sein, so war es doch eine durch Erfahrung und Kampf-
kraft respektgebietende Truppe, die zudem vorzüglich geführt
wurde, in erster Linie durch Offiziere, die sich schon unter Philipp bewährt hatten. Hierzu zählte vor allem der mehr als 60jäh-
rige Feldherr Parmenion, der im Heer Alexanders die höchste
militärische Position innehatte. Er hatte schon unter Philipp in
leitender Stellung gedient und verkörperte die makedonische
Tradition, die später in Gegensatz zu den viel weiter reichenden
Plänen Alexanders geraten sollte. Alexanders Flotte von rund
160 Dreiruderern war der persischen weit unterlegen. Alexander mußte folglich die Entscheidung zu Lande suchen. Bedeutende finanzielle Mittel standen ihm gleichfalls nicht zur Verfügung. Doch Asien, auch Kleinasien, galten als sprichwörtlich
reich. Die Makedonen werden mit der Unterstützung der befrei-
ten Städte, mehr noch mit der Beute gerechnet haben, die sie in
Feindesland zu machen hofften. Für Alexander und seine Soldaten war der Feldzug nicht nur ein militärisches, sondern auch
ein ökonomisches Unternehmen. Im Troß folgten die Sklaven-
händler, die sich von dem Verkauf der Kriegsgefangenen fette
Gewinne versprachen. Auch sie sollten nicht enttäuscht werden.

Der Perserkönig Dareios III., mit dem Alexander den unge-
wissen Kampf aufnahm, war im gleichen Jahr wie Alexander
auf den Thron gelangt (336). Um 380 geboren, war er zu
Kriegsbeginn gut doppelt so alt wie Alexander. Doch er residier-
te im fernen Persien, die Kriegführung gegen den makedonischen Eindringling an der Westgrenze seines Riesenreiches
glaubte er getrost seinen Helfern überlassen zu können: den Sa-
trapen (Statthaltern) sowie den auf persischer Seite stehenden
Griechen, hier vor allem dem fähigen Memnon von Rhodos.
Doch diese Rechnung ging nicht auf. Noch im Frühjahr 334 be-
siegte Alexander in der Schlacht am Granikos (im nordwestlichen Kleinasien) das Aufgebot des Gegners und erzwang sich
den Weg über die West- und Südküste Kleinasiens, von dort ins
Landesinnere (Phrygien) und schließlich zum Taurus und nach
Kilikien an der Grenze zu Syrien (334/3). Dieser Vormarsch
ging nicht ohne schwere Kämpfe vonstatten, doch die militärische Bilanz war überwältigend positiv: Noch nie war es einem

Karte 2: Die Feldzüge Alexanders

griechischen bzw. makedonischen Heer gelungen, dem Perser-
reich so große Teile Kleinasiens zu entreißen. Die kühnsten
Träume griechischer Redner und Publizisten schienen erfüllt.
Der persische «Erbfeind» war bis hinter den Taurus zurückge-
worfen, aber noch nicht definitiv besiegt. An der Grenze Syriens
stand Dareios mit seinen, nunmehr von ihm selbst geführten
Truppen bereit, Alexander aufzuhalten und zurückzutreiben.
Von dem Ausgang der jetzt bevorstehenden Schlacht hing das
Schicksal Kleinasiens ab, vielleicht auch mehr. Die persische
Flotte hatte auf den Ausgang des Kräftemessens keinen ent-
scheidenden Einfluß mehr, denn nach dem Tod Memnons
(Frühjahr 333) waren ihre Operationen in der Ägäis stark redu-
ziert.

Dareios war 336 unter dubiosen Umständen an die Macht gekommen. Um sich im Kreise des persischen Adels Achtung zu
verschaffen, brauchte er einen persönlichen militärischen Erfolg
bei der Abwehr Alexanders. Dieser hingegen suchte die direkte
Konfrontation mit Dareios, weil ohne Sieg über den Großkönig
die Gebietsgewinne in Kleinasien nicht zu halten gewesen wären. Im November 333 stießen am Golf von Issos, südlich vom
Taurus, die Heere Alexanders und des Dareios aufeinander, und
zwar nach einem kuriosen Manöver. Alexander war nach Süden, Dareios nach Norden vorgerückt und tauchte nun im Rü-
cken der Makedonen auf. Hatten sich die beiden Heere verfehlt,
oder war es die Absicht des Dareios gewesen, Alexander siegess-
sicher den Rückweg zu verlegen? Dareios verfügte über ein zahlenmäßig weit überlegenes Heer, das sich freilich am engen Golf
von Issos gar nicht voll entfalten konnte. Beide Seiten suchten
die Entscheidung über ihren jeweils rechten Flügel. Alexander
gelang der entscheidende Vorstoß und die direkte Gefährdung
des Dareios, der von seinen persischen Gefährten zunächst tap-
fer verteidigt wurde, dann aber sein Heil in der Flucht suchte.
Wahrscheinlich sind es das unmittelbare Aufeinandertreffen der
beiden Protagonisten und die Flucht des Perserkönigs in Issos,
die auf dem berühmten in Pompeji entdeckten Mosaik der Ale-
xanderschlacht meisterhaft und nicht ohne Gefühl für die Tra-
gik des besiegten Großkönigs dargestellt sind.

Dareios entkam mit kleinen Resten seines Heeres über den Euphrat. Zehntausende seiner Leute waren umgekommen oder in Gefangenschaft geraten. Zu der persönlichen Katastrophe des Dareios gehörte auch, daß sein Lager mitsamt seiner Familie in die Hände der Makedonen gefallen war. Der nach Süden vorrückende Parmenion erbeutete im syrischen Damaskus die persische Kriegskasse. Damit war die chronische Finanznot Alexanders beendet. In der Ägäis löste sich die Flotte des Dareios vollends auf. Das Reich Alexanders erstreckte sich nunmehr bis zum Euphrat.

Nach Issos und vor der letzten Schlacht gegen Alexander bei Gaugamela/Arbela 331 bot Dareios mehrmals Verhandlungen an. Zahl, Zeitpunkt und Inhalte dieser Angebote sind schon in der antiken Überlieferung umstritten, doch bei allen Abweichungen der Texte untereinander hinsichtlich der Einzelheiten berichten sie übereinstimmend, Dareios habe Alexander ein riesiges Lösegeld für seine Familie angeboten, sei schließlich bereit gewesen, auf alle Gebiete westlich des Euphrat zu verzichten und habe vorgeschlagen, das persische und das makedonische Königshaus durch eine dynastische Heirat zu verbinden. Alle diese Angebote scheiterten jedoch an der Forderung Alexanders, Dareios solle ihn als König von Asien und als seinen Oberherrn anerkennen. Im Zusammenhang dieser Verhandlungen soll es, wenn wir dem im 2. Jh. n. Chr. schreibenden Alexanderhistoriker Arrian (*Anabasis* 2, 25) glauben dürfen, im Jahre 332 zu einer bezeichnenden Meinungsverschiedenheit zwischen Alexander und Parmenion gekommen sein. Dieser habe gesagt, wenn er Alexander wäre, würde er das persische Friedensangebot annehmen, worauf Alexander geantwortet haben soll, dies täte auch er, wäre er Parmenion. Da er jedoch Alexander sei, werde er dies nicht tun, sondern Dareios antworten, daß er von ihm weder Geld noch einen Teil seines Gebiets verlange. Denn ihm gehörten ja schon das Geld und das Gebiet zur Gänze. Und wolle er eine Tochter des Dareios heiraten, so würde er dies tun, auch wenn Dareios sie ihm nicht gebe. Vielmehr befahl er dem Perserkönig, sich zu ihm zu begeben, wenn er irgendeine Freundlichkeit von ihm erwiesen haben wolle, worauf Dareios auf weitere Verhandlungen verzichtete und aufs neue zum Krieg rüstete.

Der Anspruch Alexanders auf die Königsherrschaft über Asien stellte eine entscheidende Wende dar, deren Tragweite man sich am Einspruch Parmenions vor Augen führen kann. Der Sieg von Issos und das Angebot des Dareios sicherten die Eroberungen Alexanders in Kleinasien sicherlich weit über das von Philipp Erstrebte hinaus. Hier wäre für einen Herrscher, der sich mit dem makedonischen Königtum und einer Hegemonie über die Griechen des Mutterlandes und Kleinasiens hätte begnügen wollen, der Zielpunkt erreicht gewesen. Wer mehr erstrebte und wie Alexander den Thron des persischen Großkönigs beanspruchte, stellte sich außerhalb jeder makedonischen oder griechischen Tradition und gab zu erkennen, daß er die Nachfolge der in gänzlich anderen Dimensionen operierenden und unbeschränkt herrschenden Achämeniden antreten wollte. Parmenion hatte richtig erkannt, daß Alexander mit der Verknüpfung von makedonischem Königtum und persischer Universalherrschaft eine Zerreißprobe riskierte, deren Ausgang und Folgen völlig unabsehbar waren. Von diesem Zeitpunkt an mußten Parmenion und gleichgesinnte Köpfe Alexander als einen jugendlichen Revolutionär betrachten, der die makedonische Tradition rücksichtslos seinen eigenen Herrschaftsplänen unterordnete und einen gefährlichen Weg wagte, den in der bisherigen Geschichte Europas noch niemand eingeschlagen hatte. Unter den jungen Offizieren jedoch fand Alexander Anhänger für sein Vorhaben. Die nunmehr beginnende Auseinandersetzung zwischen ihm und der makedonischen Opposition war auch ein Konflikt der Generationen.

Nach dem Sieg von Issos hätte Alexander nach Osten weitermarschieren können, um Dareios definitiv auszuschalten. Dies tat er jedoch nicht, sondern zog nach Süden und nahm die Unterwerfung der phoinizischen Küstenstädte entgegen, die traditionell einen Großteil der persischen Flotte stellten. Nur Tyros, die Mutterstadt Karthagos, bot hartnäckig Widerstand und konnte erst nach siebenmonatiger Belagerung im August 332 eingenommen werden. Die Bestrafung der besiegten Tyrier fiel noch furchtbarer aus als im Falle Thebens: Laut Arrian (*Anabasis* 2,24) wurden 30 000 Gefangene, nach einer anderen Quelle (Diodor 17,46) «nur» 13 000 in die Sklaverei verkauft; zudem sollen 2000 Soldaten ans Kreuz geschlagen und die Kreuze entlang der Küste aufgestellt worden sein. Konventionen zum Schutz von Kriegsgefangenen gab es damals nicht. Widerstand wurde durch Terror gebrochen. Man durfte nunmehr davon ausgehen, daß nach der grausamen Behandlung von Tyros sich die restlichen Küstenstädte ohne weiteres ergeben würden. Das war in der Tat bei den meisten der Fall, doch auf dem Weg nach Ägypten bot Gaza noch Widerstand und konnte erst nach zweimonatiger Belagerung eingenommen werden, was wiederum mit einem furchtbaren Strafgericht über die Verteidiger endete. Bei dem verbissenen Kampf um Gaza schonte Alexander weder seine Soldaten noch sich selbst und wurde ernsthaft verwundet. Hier wie auch bei vielen anderen Gelegenheiten hatte Alexander den Tod auf dem Schlachtfeld bewußt in Kauf genommen, ähnlich den vor Troja gefallenen Helden, deren Taten die Griechen als historisch betrachteten und deren Ruhm die *Ilias* Homers in der ganzen hellenischen Welt lebendig erhielt. Sicher lag den Eroberungen Alexanders auch kalkulierendes und abwägendes Planen zugrunde, doch noch höher rangierten in der Werteskala des jungen Königs Todesmut, Ruhm und Kriegerehre, also jene heroischen Züge, mit denen er mythische Vorbilder wie Achilleus und Herakles zu erreichen und zu übertreffen trachtete.

Nach dem Fall Gazas brach Alexander im November 332 nach Ägypten auf, wo er von der jubelnden Bevölkerung als Befreier von der persischen Herrschaft begrüßt wurde. Durch den Gewinn des Nillandes hatten die Makedonen nunmehr die Perser vollständig vom Mittelmeer und den ihnen noch verbleibenden Anhängern in Griechenland abgeschnitten. Bei seinem Einzug in die alte Pharaonenresidenz Memphis opferte Alexander unter anderem dem stiergestaltigen Gott Apis und machte damit den Ägyptern deutlich, daß er ihre Religion und ihre Kultur zu achten gedachte. Hatten die Ägypter in der langen, seit 525 währenden Zeit der persischen Besetzung den achämenidischen Großkönig als Pharao verehrt, so übertrugen sie nun

Abb. 1: Zeus-Ammon auf einem Tetradrachmon (Vierdrachmen-Münze) von Kyrene, um 323–305. Der Kopf stellt den griechischen Zeus dar, nur das Horn deutet auf den widdergestaltigen ägyptischen Gott Ammon hin.

Abb. 2: Kopf Alexanders des Großen auf einem Tetradrachmon; ägyptische Prägung aus der Satrapenzeit Ptolemaios' I., um 317/6-306/5. Die als Diadem getragene Stirnbinde verweist zweifellos, der Elefantenskalp vermutlich auf Dionysos (triumphaler Indienzug des Gottes), das Widderhorn über dem Ohr auf Ammon, die Aigis über den Schultern auf Zeus. Alle diese Attribute werden zur Vergöttlichung Alexanders eingesetzt.

diese Würde auf Alexander, der fortan auf den Wänden ägyptischer Tempel im Königsornat des Nillandes dargestellt wurde.

So sehr Alexander daran lag, den ägyptischen Traditionen seinen Respekt zu bekunden, so sehr war er doch auch bestrebt, das Land zum Mittelmeer hin zu öffnen. Im Winter 332/1 gründete er an der Küste eine zu großer Zukunft berufene Stadt, die seinen Namen trug: Alexandreia. Sie erhielt eine mehrheitlich griechische Bevölkerung, entwickelte sich in hellenistischer Zeit zur bevölkerungsreichsten Metropole der Mittelmeerwelt und wurde internationaler Handelsplatz mit Fluß- und Seehäfen. Mit der Stadtgründung sicherte sich Alexander zugleich einen städtischen Kult als Gründerheros von Alexandreia. Noch wichtiger jedoch für die religiöse Untermauerung seiner Stellung war ihm der Besuch des Orakels des Gottes Zeus-Ammon in der Oase Siwa (Abb. 1). Vom Niltal aus unternahm er den höchst beschwerlichen Wüstenmarsch zu dem 600 km westlich von Memphis gelegenen Orakelheiligtum, einen Weg, den vor ihm schon die Mythengestalten Perseus und Herakles beschritten haben sollen, auf dem aber der Perserkönig Kambyses gescheitert war. Welche Fragen Alexander an den Orakelgott gestellt und welche Antworten er erhalten hat, ist auch unseren antiken Gewährsleuten nur bruchstückhaft bekannt geworden. Festzustehen scheint jedoch, daß der König vom Orakelpriester als «Sohn des Zeus» begrüßt worden ist, was eigentlich nicht verwundert, da Alexander als Pharao nach ägyptischer Vorstellung Sohn des widdergestaltigen Gottes Amun-Re war und titular als solcher angesprochen wurde. Ammon ist nichts anderes als die griechische Wiedergabe des ägyptischen Amun, und Zeus dessen Übersetzung in die Sprache der griechischen Götterwelt. Seine auf Zeus-Ammon zurückgeführte Gottessohnherrschaft hat Alexander sehr ernst genommen und diesen Glauben auch in seiner Umgebung durchzusetzen versucht (Abb. 2). Dieser Griff nach der Göttlichkeit hatte außerordentliche Konsequenzen für die Zukunft, denn auch die hellenistischen Könige als Nachfolger Alexanders und später die römischen Kaiser forderten für sich göttliche Ehren, was nicht zum wenigsten den Widerstand von Juden und Christen hervorrief. Nur wer den Willen Alexan-

ders zu heroischer, zu gottähnlicher Selbsterhebung unter-
schätzt, wird sich wundern, daß Alexander den Marsch zum
Gott von Siwa unternahm, anstatt baldmöglichst aus Ägypten
aufzubrechen, um Dareios anzugreifen und dessen Wiederauf-
rüstung nicht zur vollen Entfaltung kommen zu lassen.

Nachdem er die Verhältnisse Ägyptens in seinem Sinne neu
geordnet hatte, nahm Alexander nach dem Winter 331 den
Feldzug gegen Dareios wieder auf, überschritt wohl im Juni den
oberen Euphrat, dann den oberen Tigris, wo ihn in der Gegend
von Gaugamela (bei Arbela) das zahlenmäßig wiederum weit
überlegene Heer des Dareios erwartete. Am 1. Oktober 331 fiel
die Entscheidung. Erneut wurde Dareios nach schwerem Kampf
besiegt und in die Flucht geschlagen, während Alexander von
seinen Soldaten zum «König von Asien» ausgerufen wurde.
Wenngleich der persische Widerstand noch eine Weile neue
Nahrung im Osten des Iran erhielt, markierte Gaugamela doch
den entscheidenden Wendepunkt: Die Großmacht Persien war
durch die Makedonen ausgeschaltet und abgelöst worden. In
der antiken Geschichtsdeutung konnte dieses Ereignis in eine
Abfolge von Weltreichen eingeordnet werden, wonach auf die
Perser die Makedonen folgten, auf diese die Römer. Die Vorstellung von der Existenz eines hellenistischen Zeitalters ist, wie
bereits erwähnt, erst im 19. Jh. durch den deutschen Historiker
J. G. Droysen entworfen und inhaltlich begründet worden. Die
Zeitgenossen aber sahen das Ereignis, ohne sich die langfristi-
gen Folgen ausmalen zu können. Und dieses Ereignis war atem-
beraubend genug, der jähe Untergang der persischen Großmacht, zu Fall gebracht durch einen Randstaat der griechischen
Welt und einen 25jährigen König, der jedes herkömmliche Maß
sprengte.

Nach seinem Sieg bei Gaugamela konnte Alexander kampflos
in das unzerstörte Babylon einziehen. Makedonen und Griechen
lagerten in einer der sagenhaftesten Städte des Alten Orients.
Von dort zog Alexander weiter nach Susa, wo er gewaltige Men-
gen des achämenidischen Reichsschatzes in Besitz nehmen
konnte. Anfang 330 stand er bereits mit seinen Truppen im iranischen Herzstück des Perserreiches. Der Königspalast von Per-

sepolis wurde in Brand gesetzt. Alexander gab dies als Vergeltung für die Zerstörung Athens durch den Perserkönig im Jahre 480 aus und erklärte den Rachefeldzug für beendet.

Aber noch lebte Dareios. Im Osten seines Reiches standen ihm reiche Ressourcen und ein weiter, für jeden Angreifer schwer zu bewältigender Gebirgsraum (Afghanistan, Hindukusch) zur Verfügung. Wollte Alexander wirklich das Erbe des Großkönigs antreten und behaupten, mußte er seinen Rivalen ausschalten und auch den Ostteil des Achämenidenreiches unter seine Kontrolle bringen. Dies kostete ihn allerdings, wie sich herausstellen sollte, volle fünf Jahre (330–325), also mehr Zeit, als seit dem Aufbruch aus Makedonien 334 vergangen war.

Noch im gleichen Jahr 330 wurde der in den Osten seines Reiches flüchtende Dareios auf Befehl seines Begleiters Bessos, Satrap von Baktrien und Sogdien, ermordet. Doch für Alexander war die Situation damit keineswegs bereinigt, denn Bessos trat nun selbst unter dem Namen Artaxerxes die Nachfolge des Dareios an und organisierte den Widerstand gegen Alexander in den östlichen Satrapien. Die jetzt folgende Eroberung Ostirans in den Jahren 330 bis 327 unternahm Alexander nicht mehr als griechischen Rachefeldzug, sondern als einen Krieg gegen einen Rivalen im Anspruch auf den persischen Königsthron. Im Frühjahr 329 wurde der Hindukusch überstiegen, Bessos und danach dessen Landsmann Spitamenes in schweren Kämpfen geschlagen. Alexander sicherte seine Herrschaft im östlichen Perserreich durch die Anlage zahlreicher Städte und Militärkolonien mit makedonischen und griechischen Siedlern sowie durch eine betonte Versöhnungspolitik gegenüber den Persern, bis hin zu einer nach iranischem Ritus geschlossenen Ehe mit Roxane, der Tochter eines sogdischen Adligen, in den Berggebieten nördlich von Afghanistan. Auch weitere Maßnahmen Alexanders signalisierten seinen Willen, als Nachfolger der Achämeniden wahrgenommen zu werden: etwa die Übernahme von Elementen ihres Königsornats und die Aufrechterhaltung des persischen Hofzeremoniells, gelegentlich auch im Umgang mit seinen Makedonen.

Die bevorzugte Behandlung kollaborierender Perser wie auch die Begnadigung tapferer Gegner waren für die Stabilisierung von Alexanders Herrschaft in den weiten Gebieten des Ostens unumgänglich. Gleichwohl hat die zunehmende Heranziehung und Privilegierung vornehmer Perser Unmut und Neid gerade unter den höheren Chargen des makedonischen Militärs hervorgerufen. Sie mußten befürchten, daß Alexander als Nachfolger der Achämeniden sich ihnen und den makedonischen Traditionen entfremden würde, während sie selber doch mit dem Ziel, die Perser zu bekämpfen, in den Krieg gezogen waren. Alexanders Versuch, das durch Tradition eingeschränkte Königtum der Makedonen mit der absoluten Monarchie des orientalischen Großkönigs zu verbinden, mußte zu einem kaum lösbaren Dilemma führen. So waren gerade die Jahre 330 bis 327 durch schwerste Belastungen des Verhältnisses zwischen Alexander und dem konservativen Teil des makedonischen Offizierskorps geprägt: Parmenions Sohn Philotas wurde der Verschwörung bezichtigt und hingerichtet, anschließend auch Parmenion auf Befehl Alexanders heimtückisch beseitigt. Der Grieche Kallisthenes, ein Verwandter des Philosophen Aristoteles, büßte mit dem Leben für seine Verweigerung der Proskynese (Kniefall vor dem König nach persischer Sitte) und ein angeblich von ihm angestiftetes Komplott gegen Alexander. Wenig half Kallisthenes, daß gerade er durch seine Publizistik den Ruhm Alexanders verbreitet und den König geradezu mythisch überhöht hatte. Nun wurde er selber Opfer des immer herrischer und gereizter auftretenden Monarchen.

Alexanders unerbittlicher Wille, nicht nur bis an die Ostgrenze des Perserreiches, sondern darüber hinaus bis an das östliche Ende der bewohnten Erde und den Ozean vorzudringen, führte 327 bis 325 zum Indienfeldzug. Auch dieses ungeheure Anstrengungen erfordernde Unternehmen verlief militärisch erfolgreich und es öffnete Alexander mit der Überschreitung des Indus und dem Sieg über König Poros den weiteren Weg nach Osten. Doch nun meuterten Alexanders Makedonen. Am Flusse Hyphasis im heutigen pakistanisch-indischen Grenzgebiet verweigerten sie den Weitermarsch. Alexander mußte nachgeben und schweren

Herzens den Rückweg antreten (Herbst 326). Indusabwärts gelangte er mit Flußflotte und Landheer, weder sich noch seine Soldaten schonend, an den Ozean. Der Rückmarsch nach Westen durch die Wüste Gedrosiens wurde zu einem wahren Leidensweg, bei dem Alexander zwei Drittel der Feldzugsteilnehmer einbüßte. Die Flotte fand den Weg zurück in den Persischen Golf, auch sie unter größten Opfern. Das Unternehmen war gelungen, das Perserreich unterworfen, aber Alexanders Truppen, von seinen Gegnern und der Zivilbevölkerung einmal ganz abgesehen, hatten dafür einen enormen Preis gezahlt.

Nach der Rückkehr in die persischen Kerngebiete seines Reiches traf Alexander eine Reihe von Maßnahmen, in denen sich die Linien seiner künftigen Politik abzeichneten: Er heiratete weitere Töchter aus dem Achämenidenhaus und ermunterte auch 10 000 seiner makedonischen *hetairoi* («Gefährten») und Soldaten, einheimische Frauen zu ehelichen (Massenhochzeit von Susa). Von den griechischen Stadtstaaten verlangte er nicht nur, unter Mißachtung der Polisautonomie, die Rückführung der Verbannten, sondern auch göttliche Verehrung seiner Person.

Zu einer Meuterei der makedonischen Soldaten kam es 324 in Opis bei Babylon, als die Veteranen entlassen und zum Teil durch persische Rekruten ersetzt werden sollten. Nicht die Heranziehung der ehemaligen Feinde zum Kriegsdienst, sondern ihre Angleichung an die Sieger, d. h. Ausbildung nach makedonischer Art und Aufnahme in die makedonische Hetairenreiterei, war der eigentliche Stein des Anstoßes. So sehr Alexander ansonsten in die Tradition der östlichen Monarchie eintrat, so war es hier doch die «Makedonisierung» der persischen Rekruten, im Grunde also ein Ansatz zur Gleichstellung der Besiegten mit den Siegern, die auf den erbitterten Widerstand der Makedonen stieß. Der Streit wurde nach heftigen Auseinandersetzungen beigelegt. Alexander lud Makedonen und Perser zu einem Versöhnungsmahl ein, in dessen Verlauf er für Eintracht und gleichen Herrschaftsanteil der beiden Völker gebetet haben soll (Arrian, *Anabasis* 7, 11). – Die Zukunft sollte zeigen, ob dieses Gebet erhört wurde.

Im Jahre 323 zog Alexander weiter nach Babylon und wid-
mete sich vor allem den schon angelaufenen Vorbereitungen für
einen neuen Feldzug: die Eroberung und Umschiffung Arabiens.
Auf diese Weise sollte die Südostflanke seines Reiches gegen die
unruhigen Wüstenstämme gesichert und auch hier sein Herrschaftsgebiet bis zum Ozean ausgedehnt werden. Die massive
Anwerbung von Kolonisten aus Syrien und Phoinizien, die vor
allem in den Küstenregionen Arabiens angesiedelt werden sollten, weist auf Alexanders Absicht hin, die Handelsrouten zwischen Ägypten, Arabien und Indien langfristig zu kontrollieren
und zu beleben.

Während die Vorbereitungen dieses Unternehmens liefen,
empfing Alexander in Babylon Gesandtschaften aus dem Westen, unter anderem aus Karthago und aus Süditalien. Zeichne-
ten sich hier bereits Pläne für eine Eroberung des Westens ab?
Unter den Dokumenten Alexanders, die nach seinem Tod vor-
gelegt wurden, sollen sich auch Pläne für eine projektierte
Eroberung Nordafrikas (einschließlich Karthagos), der Iberi-
schen Halbinsel und der italischen Küstengebiete bis Sizilien
befunden haben (Diodor 18,4). Die Echtheit dieser «letzten Pläne» ist in der Forschung umstritten, doch die Absicht eines
Westfeldzuges ist Alexander durchaus zuzutrauen. Was und
wer hätten ihn, der doch die persische Supermacht bezwungen
hatte und allenthalben an die Grenzen der Erde vordringen
wollte, ernsthaft darin hindern können, nun auch zum Atlan-
tischen Ozean vorzustoßen und den Feldzug durch die Eroberung des den Griechen wohlvertrauten westlichen Mittelmeerraums abzuschließen? Was und wer, wenn nicht der Tod? Doch
dieser ereilte ihn, noch bevor er seine Pläne, wie immer sie kon-
kret ausgesehen haben mochten, in die Tat umsetzen konnte.
Mitten in den Vorbereitungen zu seiner Arabienexpedition
erkrankte Alexander. Er hatte tagelang und ausgiebig mit seinen Gefährten gezecht. Für seinen geschwächten und von Ver-
wundungen gezeichneten Körper war dies wohl zuviel. Er wurde von einem Fieber, vielleicht von Malaria, befallen und starb
innerhalb weniger Tage, am 10. Juni 323, noch nicht ganz
33 Jahre alt. Alexanders Mutter Olympias behauptete, ihr Sohn

sei vergiftet worden. Sichere Anhaltspunkte dafür gibt es jedoch nicht.

In den 13 Jahren seiner Herrschaft hat Alexander die Welt verändert, nicht nur politisch und militärisch. Durch seine Eroberungen hat er der griechischen Sprache und Kultur den Nahen und Mittleren Osten geöffnet. Aus dem nunmehr intensivierten Kontakt von Ost und West sind geistige, religiöse, wirtschaftliche Entwicklungen hervorgegangen, die den folgenden Jahrhunderten ein ganz neues Gepräge geben sollten. Und doch war der gewaltige von Alexander begründete Bau noch längst nicht abgeschlossen, im Innern nicht und auch nicht nach außen, unabhängig davon, ob wir die «letzten Pläne» für authentisch halten oder nicht. Die Stellung Alexanders an der Spitze seines Reiches befand sich bei seinem Tode noch in einem Schwebezustand zwischen schwer vereinbaren Positionen. Aber alle Anzeichen sprechen dafür, daß Alexander eine universale Herrscherstellung anstrebte, die notwendigerweise zu einer gewissen Vereinheitlichung seiner Untertanenschaft führen mußte. Die von ihm zu Lebzeiten betriebene Mischung zwischen Persern und Makedonen sollte nach Ausweis seiner «letzten Pläne» durch einen systematischen Austausch von Bevölkerungen zwischen Europa und Asien ergänzt werden. Dahinter hat der britische Historiker W. W. Tarn das edle Ziel einer «Einheit der Menschheit» (*unity of mankind*) vermutet. Die sehr bedenkliche Kehrseite dieser Medaille war die Entwertung bisheriger, gerade auch demokratischer Staatsformen und Institutionen, die Nivellierung der Reichsbevölkerung, die Etablierung eines Gottkönigtums, also die absolute Monarchie. Was wäre geschehen, wenn Alexander länger gelebt hätte? Die wahrscheinlich treffendste Antwort liefert die Geschichte des römischen Kaiserreiches.

2.2 Die hellenistischen Staaten vom Tode Alexanders bis zum Auftreten Roms (323–215)

Der Tod Alexanders löste eine lange Reihe von Kriegen aus, in denen sich seine Generäle, die sogenannten Diadochen (wörtlich: «Nachfolger») um das Erbe stritten, denn Alexander selbst hatte seine Sukzession nicht mehr regeln können. Im Zuge dieser Kämpfe zwischen den Verteidigern der Reichseinheit und den Vertretern partikularer Interessen gingen der Zusammenhalt des Reiches und die Familie Alexanders zugrunde. Erst nach 281 (Schlacht von Kurupedion im westlichen Kleinasien) trat eine gewisse Beruhigung ein; die hellenistische Staatenwelt begann sich allmählich zu konsolidieren. In diesen Staaten lebte vieles von dem Erbe Alexanders weiter, nicht zuletzt auch sein Kult. Wenngleich sie sein Reich aufteilten und einen Universalherrscher nicht mehr aufkommen ließen, so verehrten die Diadochen und deren Nachkommen (die Epigonen) Alexander nichtsdestoweniger als den göttlichen Ahnherren ihrer jeweiligen Staaten. Auf ihn beriefen sich die hellenistischen Könige, und auch später noch wollte mancher herausragende römische Feldherr oder Kaiser ein «neuer Alexander» sein.

Nach dem Tod Alexanders und unter dem maßgeblichen Einfluß des makedonischen Heerführers Perdikkas beschloß die makedonische Heeresversammlung 323 in Babylon, daß die Königswürde auf Alexanders Halbbruder Arrhidaios, der allerdings geistesschwach war, sowie auf das von der Iranerin Roxane erwartete Kind Alexanders, falls dieses ein Sohn sein würde, übergehen sollte. Es wurde ein Sohn, Alexander IV. in der makedonischen Dynastie. Aus diesen Bestimmungen ergab sich die Notwendigkeit einer Vormundschaftsregierung; sie wurde von Generälen geführt. Die Satrapien des Reiches wurden ebenfalls hohen makedonischen Offizieren übertragen. Der iranische Adel blieb bei dieser Verteilung weitgehend unberücksichtigt. Die unsichere Lage nach dem Tod Alexanders weckte in Griechenland die Hoffnung, nun vielleicht doch das makedonische Joch abschütteln zu können. Athen stellte sich an die Spitze der Aufstandsbewegung, wurde aber geschlagen. Demosthenes, der alte Gegner Philipps und Vorkämpfer athenischer Freiheit, wählte in aussichtsloser Lage den Tod (322). Die Folgezeit bis zur Schlacht von Kurupedion 281 war durch ständige Diadochenkämpfe geprägt. In deren Verlauf verloren viele bedeutende Offiziere Alexanders ihr Leben. Im Kampf um die Herrschaft wurde auch die Königsfamilie vernichtet: Alexander IV., Arrhidaios, Olympias und Roxane starben alle eines gewaltsamen Todes. Alexanders Traum einer makedonisch-persischen Universalherrschaft, die sich auf seinen Sohn von Roxane hätte stützen können, blieb unerfüllt. Der frühe Tod Alexanders und die Auslöschung seiner Familie waren nicht vorhersehbar, aber höchst folgenreich für viele Menschen und Generationen, ein anschauliches Beispiel für die Rolle des Individuums und des Zufalls in der Geschichte.

Nach dem Untergang des Perdikkas 321 versuchten Antigonos Monophthalmos («der Einäugige») und sein Sohn Demetrios Poliorketes («der Städtebelagerer») die Einheit des Alexanderreiches wieder herzustellen, vergeblich. Als Antigonos und Demetrios ihren Anspruch durch die Annahme des Königstitels untermauerten, ließen auch die anderen Diadochen sich zu Königen ausrufen: Kassandros in Makedonien, Lysimachos in Thrakien, Seleukos in Asien, Ptolemaios in Ägypten (306/5). Allmählich begannen sich die Konturen der künftigen hellenistischen Staatenwelt abzuzeichnen: eine Vielzahl von Königreichen unter makedonischen Herrschern (Karte 3). In Makedonien konnten sich nach 281 die Antigoniden, die Nachkommen des Antigonos Monophthalmos, durchsetzen. Ihr Versuch, die makedonische Hegemonie gegenüber den griechischen Stadtstaaten und Bünden zu sichern, kollidierte mit deren Unabhängigkeitswillen und mit dem Bestreben anderer hellenistischer Dynastien, ebenfalls in Griechenland Fuß zu fassen. Diese Gemengelage führte zu dauernden Konflikten, in die gegen Ende des 3. Jhs. auch Rom hineingezogen wurde. In Asien waren die Seleukiden die mächtigste Dynastie. Doch ihr riesiges Herrschaftsgebiet zwischen Ägäis und Hindukusch erwies sich als schwer zusammenzuhalten. In Westkleinasien hatten sie mit dem unter den Attaliden aufstrebenden Reich von Pergamon

Karte 3: *Die hellenistische Staatenwelt um 185 v. Chr.*

und mit der insularen Handelsmacht Rhodos zu rechnen, im Nahen Osten mit den Ptolemäern, im Ostteil des Reiches mit Einfällen aus dem mittelasiatischen Raum und mit Abfallbewegungen. Relative Abgeschiedenheit und folglich Sicherheit genossen vorerst die Ptolemäer in Ägypten. Ihre Expansionsbestrebungen richteten sich auf die westlich benachbarte Kyrenaika, auf Zypern und die Küstenzone zwischen Gaza und dem nördlichen Phoinizien sowie auf das südliche und westliche Kleinasien. Die meisten Herrscher verfolgten eine Politik territorialer Erweiterung und persönlichen militärischen Prestiges. Das in der modernen Forschung des öfteren hervorgehobene «Gleichgewicht der hellenistischen Mächte» im 3. Jh. war keineswegs das Ziel einer konsistenten, öffentlich deklarierten oder stillschweigend praktizierten Politik, sondern vielmehr das Ergebnis des Unvermögens der einzelnen Herrscher, ihre Gegner auszuschalten und deren Reich zu okkupieren. Diese permanente Aggressionsbereitschaft ist deswegen erstaunlich, weil man meinen sollte, die zahlenmäßig letztlich dünne Eroberschicht der Makedonen und Griechen hätte in den Gebieten Asiens und Afrikas genug damit zu tun gehabt, die einheimische Bevölkerung niederzuhalten. Doch offenkundig waren noch Energien frei. Wir werden diesen Aspekt im Auge behalten müssen, wenn später von der Staatsordnung und der Gesellschaft der hellenistischen Reiche die Rede sein wird.

Nachdem nun die allgemeinsten Grundzüge der hellenistischen Staatenwelt des 3. Jhs. vor Augen stehen, lohnt ein Blick auf bestimmte Ereignisse und Zusammenhänge, die für die weitere Entwicklung maßgeblich geworden sind. Die tiefgreifende Wirkung des Alexanderzuges sowie die grundsätzlich ja nicht unrichtige Bezeichnung der Zeit nach 281 als einer Stabilitätsphase der hellenistischen Staatenwelt und als Höhepunkt hellenistischer Kultur könnten leicht den Blick für die Gefährdung des makedonisch beherrschten Raumes durch äußere und innere Kräfte verstellen. Im 3. Jh. war die ganze Zone am Nordrand der griechischen und orientalischen Kulturwelt in Bewegung. Im Jahre 279 drangen Kelten (Gallier, griechisch auch *Galatai* genannt) aus Mitteleuropa über den Balkan nach Makedonien und Griechenland vor. Der Makedonenkönig Ptolemaios Keraunos fiel in hartem Abwehrkampf, das Orakelheiligtum von Delphi konnte jedoch erfolgreich verteidigt werden. Schließlich errang Antigonos Gonatas 277 einen größeren Sieg über die Gallier und gewann damit nicht nur großes Prestige als Bekämpfer wilder Barbaren aus dem Norden, sondern erreichte auch die Anerkennung als König der Makedonen. Die nach Kleinasien weiterziehenden Gallier wurden von den hellenistischen Herrschern teils als begehrte Verbündete und Söldner eingesetzt, teils – je nach Situation und Interessenlage – als bedrohliche Barbaren bekämpft. In letzterer Hinsicht taten sich besonders die Attaliden von Pergamon hervor. Noch heute vermittelt der auf der Berliner Museumsinsel wieder errichtete Pergamonaltar einen Eindruck von der propagandistischen Auswertung der Gallierkriege durch die pergamenischen Herrscher (Abb. 3). Im Spiegel der Kämpfe zwischen Göttern und Giganten werden hier die Siege der Pergamener mythisch überhöht und die gallischen Gegner als Kräfte der Unterwelt gezeichnet. Lebensnäher wirken die ebenfalls in diesen Zusammenhängen entstandenen Statuen der sterbenden bzw. den Freitod wählenden Gallier, die unsere Vorstellung dieses Volkes bis heute prägen (Abb. 4). Letztlich fanden die Gallier/Galater feste Wohnsitze in der nach ihnen benannten Landschaft Galatien im Zentrum Kleinasiens und fügten sich allmählich in die hellenistische Kultur ihrer neuen Umwelt.

Größere Dimensionen und bleibendere Wirkung erreichten die Wanderbewegungen iranischer Völker in Osteuropa und Zentralasien. Im nördlichen Schwarzmeerraum hatten seit den Tagen der griechischen Kolonisation hellenische Siedler und iranische Völkerschaften, unter denen die skythischen Reiternomaden hervorragten, in unruhiger Nachbarschaft miteinander gelebt. Das Vordringen der gleichfalls iranischen Sarmaten aus dem Osten ab dem 3. Jh. ging zunächst zu Lasten der Skythen, die, in die Enge getrieben, ihrerseits den Druck auf das Bosporanische Reich und die griechischen Stadtstaaten der nördlichen Schwarzmeerküste (Olbia, Chersonesos) erhöhten. In der Kaiserzeit drängten die Sarmaten und die ebenfalls iranischen

Abb. 3: Modell der Oberstadt von Pergamon (Berlin, Pergamon-Museum).
*Die von den hellenistischen Dynasten und Königen Pergamons ausgebaute
Oberstadt beherrschte die zu ihren Füßen liegende Wohnstadt (hier nicht
dargestellt). Hinter einer langen, die Terrasse gestaltenden Halle erhebt sich
das Theater. Darüber und seitlich davon erstrecken sich Tempel, Residenzge-
bäude und militärische Bauten. Die Bebauung des Burgberges bildet ein
planvolles Ensemble, in dem rechts neben dem Theater der berühmte Altar
einen prominenten Platz einnimmt. Vgl. Rostovtzeff, S. 437–439, und Radt,
S. 63–81.*

Alanen auf die römische Reichsgrenze und strömten schließlich
im Zuge der Völkerwanderung nach Westen. Soviel nur um anzudeuten, daß die Mobilität osteuropäischer und asiatischer
Völkerschaften meist iranischer Prägung in zeitlichen Dimensionen ablief, die nicht immer mit den chronologischen Zäsuren
der griechischen und römischen Geschichte synchronisiert werden können. Gleichwohl haben diese Wanderbewegungen größte Auswirkungen auf den antiken Kulturraum gehabt.

Die weitreichendsten und nachhaltigsten Folgen hatte in diesem Zusammenhang der Aufbruch der Parner aus Mittelasien in
die ursprünglich achämenidische, dann seleukidische und

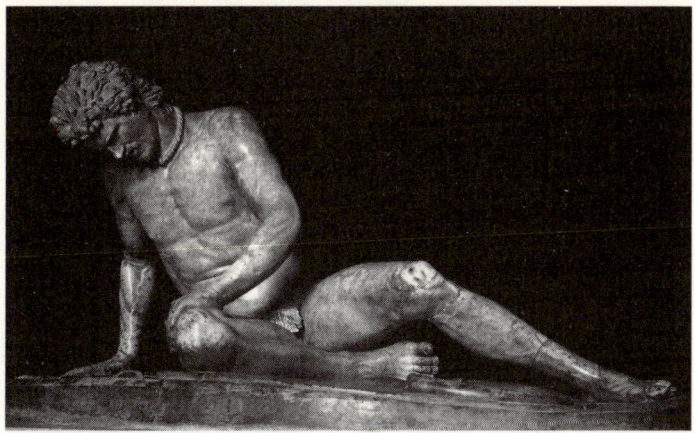

Abb. 4: Sterbender Gallier (Rom, Kapitolinische Museen). Römische Marmorkopie einer bronzenen Votivgabe Attalos' I. im Hofe des Athenatempels von Pergamon, 230-220. Der mit struppigem Haar und torques *(gedrehter Halsring) gekennzeichnete Barbar ist nicht ohne Mitgefühl dargestellt; durch seinen Tod dient er dem Ruhme des Siegers Attalos. Diese Skulptur ist Teil einer Gruppe von Galliern (Galatern), deren Wildheit und Todesmut die Leistung des siegreichen Königs umso deutlicher vor Augen führen.*

schließlich halbwegs eigenständige Satrapie Parthien im Südosten des Kaspischen Meeres (um 239). Die Parner wurden später nach dem von ihnen eroberten Gebiet als Parther bezeichnet; an ihrer Spitze stand die nach ihrem Anführer Arsakes benannte Dynastie der Arsakiden. Erfolgreich behaupteten sie trotz zeitweiliger Rückschläge ihre Unabhängigkeit von den Seleukiden, dehnten im Laufe des 2. Jhs. mit der Eroberung von Medien und Mesopotamien ihre Herrschaft über die ehemaligen Kernlandschaften des Perserreiches aus und gerieten im 1. Jh. in Konflikt mit den Römern, die die Grenzen ihres Imperiums mittlerweile bis zum Euphrat vorgeschoben hatten. Während das Seleukidenreich im 1. Jh. unter innerem und äußerem Druck zugrunde ging, konnten sich die Parther unter der Führung der Arsakiden (247 v. Chr.–224 n. Chr.) langfristig gegen Rom behaupten. Im Partherreich verschmolzen die nomadischen Traditionen der Parner mit der persischen Kultur und dem herrschaftlichen Erbe der Achämeniden. Zugleich übernahmen die Arsakiden manche griechisch bestimmten Züge der seleukidischen Monarchie und Administration. Wenngleich sich die Parther, im Gegensatz zu den Seleukiden, bewußt und stolz in die Tradition der persischen Achämeniden gestellt haben, so hat doch der Hellenismus in der Kultur des parthischen Vielvölkerstaates deutliche Spuren hinterlassen, nicht zuletzt dank des erheblichen Anteils griechisch-stämmiger und hellenisierter Bevölkerung in den östlichen Gebieten des ehemaligen Seleukidenreiches.

Eine ganz erstaunliche Überlebens- und Anpassungsfähigkeit bewiesen die makedonischen und griechischen Siedler in den östlichsten Satrapien des Alexanderreiches, insbesondere in Baktrien. Um die Mitte des 3. Jh. löste sich der Satrap Diodotos von den Seleukiden und gründete ein eigenes gräko-baktrisches Reich, dessen Könige ihre Herrschaft im 2. Jh. weit in das nordwestliche Indien hinein auszudehnen vermochten (Reich des Demetrios, vgl. Karte 3). Unter konkurrierenden Dynastien entwickelte sich ein indo-griechisches Reich zwischen Hindukusch und oberem Ganges, das sich bis zum 1. Jh. halten konnte. Baktrien selbst hingegen wurde schon im Laufe des 2. Jh. v. Chr. von zentralasiatischen Iranern, den Saken, erobert, die später auch nach Indien vordrangen. Hier werden sie in unseren Quellen als Indo-Skythen bezeichnet, da die Griechen die Saken sowie andere asiatische Nomaden mit dem Sammelbegriff Skythen belegten. Die Indo-Skythen gründeten unter der Dynastie der Kuschanen ein mächtiges Reich, das sich vom Aralsee bis zum Ganges erstreckte und vom 1.–4. Jh. n. Chr. Bestand hatte. Von den vorhin genannten Indo-Griechen übernahmen diese Indo-Skythen eine griechische Formensprache (Gandhara-Kunst), die sie in der Gestalt ihres Buddha zum Ausdruck brachten und bis nach Nordchina verbreiteten.

War bisher von den östlichen Satrapien- und Randgebieten des Seleukidenreiches und deren Nachfolgestaaten die Rede, so ist doch auch daran zu erinnern, daß die Seleukiden im 3. Jh. lebhafte Beziehungen zu den Kerngebieten Indiens und den Vertretern der Maurya-Dynastie unterhielten. Die seleukidischen Gesandten gewannen auf diese Weise unmittelbare Kenntnis des

Buddhismus, und noch bezeichnender ist, daß der Maurya-Herrscher Asoka (reg. 269–232) die Lehren seiner Religion und seine Staatsauffassung nicht nur in mittelindischen Sprachen, sondern in der Westzone seines Reiches, im heutigen Afghanistan, auch auf Aramäisch, der Verkehrssprache des Perserreiches, sowie auf Griechisch durch Monumentalinschriften hat verbreiten lassen. – Der Alexanderzug und die frühen Seleukiden haben also den Griechen einen direkten Zugang nach Indien eröffnet, der in der griechischen wie auch in der indischen Literatur seine Spuren hinterlassen hat. So hat in den Milindapanha («Fragen des Menander»), einem Dialog des indo-griechischen Herrschers Menander mit dem buddhistischen Heiligen Nagasena, die Begegnung des Griechentums mit dem Buddhismus ihren bleibenden Ausdruck gefunden.

Sind es in Indien und seinen Nachbargebieten die Makedonen gewesen, die den Griechen und deren Kultur den Weg nach Osten eröffnet haben, so waren die Griechen im westlichen Mittelmeer schon lange vor Alexander zuhause. Bereits in der Zeit der Großen Griechischen Kolonisation (8.–6. Jh.) hatten sich griechische Siedler in Sizilien und Süditalien sowie an den Küsten Frankreichs (Massilia/Marseille) und Spaniens (Ampurias, von *Emporion*, «Handelsplatz», abgeleitet), niedergelassen. Dieses westliche Griechentum ist genausowenig wie Rom und Karthago je von den Feldzügen Alexanders erfaßt worden. Ob Alexanders «letzte Pläne» eine Eroberung auch dieser Gebiete vorsahen, bleibt umstritten; ausgeschlossen ist es keineswegs. Doch selbst ohne Alexanders Eingreifen ist auch der griechische Westen in die politische und kulturelle Welt des Hellenismus einbezogen worden. Zunächst geschah dies in sehr direkter Weise durch die Intervention des Königs Pyrrhos, der wie Alexanders Mutter Olympias aus dem griechischen Epirus (weitgehend heutiges Albanien) stammte und den die unteritalischen Griechen gegen Rom und die sizilischen Griechen gegen Karthago zu Hilfe riefen (280–275). Doch Pyrrhos war weder in Italien noch in Sizilien dauerhafter Erfolg beschieden, vielmehr ermöglichte sein Rückzug das Vordringen der Römer nach Süditalien und letztlich nach Sizilien. Damit war bereits eine

Entwicklung angelegt, die 264 zum ersten Krieg Roms gegen Karthago führen sollte.

Wenn auch die Griechen Italiens und Siziliens weder damals noch später einen wirksamen Rückhalt an den hellenistischen Herrschern Makedoniens und des Ostens fanden, so waren sie doch ein Teil der wirtschaftlichen und kulturellen Welt der Griechen, die sich von Spanien bis Indien erstreckte. Zu keinem anderen Zeitpunkt der Antike hatten griechische Sprache und Kultur solche Geltung und Ausstrahlung wie in der Epoche Alexanders und seiner Nachfolger. Wenngleich die Könige der Makedonen von Alexanders Vater Philipp bis zu ihrem letzten Vertreter Perseus (168 durch die Römer besiegt) häufig in sehr konfliktreichen Beziehungen mit den Stadtstaaten und Bünden des griechischen Mutterlandes lebten, so waren es andererseits doch gerade Alexander und die makedonischen Diadochen, die vielen auswanderungsbereiten Griechen Existenzsicherung und Aufstiegsmöglichkeiten boten. Zu den Nutznießern dieser Entwicklung gehörten auch die Griechen Süditaliens und Siziliens, soweit sie am wirtschaftlichen Aufschwung des frühen Hellenismus partizipieren oder in den neuen hellenistischen Staaten Fuß fassen konnten. Trotz aller Verbindungen zur hellenistischen Welt des östlichen Mittelmeerraumes hat das westliche Griechentum allerdings seinen eigenen, meist schweren Weg gehen müssen, denn es stand im Ersten und im Zweiten Punischen Krieg (264–241 und 218–201) im Brennpunkt der langen und verheerenden Kriege zwischen Rom und Karthago. Dennoch hat es in der Vermittlung griechischer Kultur an Sizilien, Süditalien, Rom und Etrurien eine wichtige Rolle spielen können.

2.3 Im Schatten der Supermacht:
Roms Vorherrschaft über die hellenistische Welt (215–30)

Unter politischen Gesichtspunkten stellte das Jahrhundert zwischen Alexanders Tod (323) und dem 1. Römisch-Makedonischen Krieg (215–205) den Höhepunkt der hellenistischen Staatenwelt dar. Ab 215 ließ sich Rom zunehmend in die Auseinandersetzungen zwischen den hellenistischen Staaten hineinziehen, schaltete seine wichtigsten Gegner aus (zunächst Makedonien und die Seleukiden in Kleinasien) und wurde zur Hegemonialmacht auch im östlichen Mittelmeerraum, nachdem es im 2. Punischen Krieg (218–201) seinen gefährlichsten Feind im Westen niedergerungen hatte. Im 2. und 1. Jh. praktizierte Rom eine Mischung aus direkter und indirekter Herrschaft: Einrichtung von Provinzen oder Freundschafts- und Bundesgenossenschaftsverträge mit Städten, Bünden und Königen. Der Widerstand gegen das wachsende Übergewicht Roms entlud sich seit den letzten Jahrzehnten des 2. Jhs. in einer wachsenden Zahl von Aufständen und Kriegen (vor allem die Kriege gegen den pontischen König Mithradates 89/88–63, mit Unterbrechungen), häufig in Verbindung mit blutigen innerrömischen Auseinandersetzungen zwischen Anhängern der Senatsaristokratie (Optimaten) und des Volkes (Popularen). Diese Verknüpfung äußerer und innerer Konflikte steigerte sich im Laufe des 1. Jhs. zu drei Bürgerkriegen (Marius gegen Sulla, Caesar gegen Pompeius, Marcus Antonius gegen Octavian, den späteren Augustus), die schließlich im Jahre 30 das Ende sowohl der letzten großen hellenistischen Monarchie (Ägypten) als auch der republikanischen Verfassung Roms herbeiführten. Damit begann die mehrhundertjährige Epoche der Kaiserzeit.

Im Rahmen des römischen Kaiserreiches lebten die ehemals hellenistischen Staaten als römische Provinzen unter Beibehaltung ihrer weitgehend griechisch geprägten Kultur weiter. Während das Römische Reich im Westen 476 n. Chr. zu Ende ging, verwandelte sich der Ostteil des Imperiums in das Byzantinische Reich, das erst mit der Eroberung von Byzanz (Konstantinopel, Istanbul) durch die Türken 1453 unterging. In der griechischen Kultur der Ostprovinzen des Römischen, später des Byzantinischen Reiches konnte sich das Erbe des Hellenismus kontinuierlich weiterentwickeln.

Der Konflikt Roms mit dem hellenistischen Osten entzündete sich 229 an Übergriffen illyrischer Seeräuber und führte zur Errichtung eines römischen Protektorates an der nördlichen Gegenküste der Adria. Dadurch fühlte sich das Illyrien benachbarte Makedonien eingeschränkt. Im siegreichen Hannibal, ein

Jahr nach der römischen Niederlage von Cannae (216), fand es
einen willkommenen Partner gegen Rom. Der Abschluß eines
Bündnisses zwischen dem Makedonenkönig Philipp V. und Karthago 215 bildete den Auftakt zum 1. Römisch-Makedonischen
Krieg (215–205). Die Römer konnten wegen der von Hannibal
ausgehenden Gefahr nicht massiv gegen Makedonien auftreten.
Andererseits vermochten auch die Makedonen und Karthager
ihre Operationen nicht wirksam zu koordinieren. Der Krieg, in
dem sich vor allem die Ätoler, Pergamener und Spartaner auf
römischer Seite engagierten, endete 205 (Friede von Phoinike)
mit relativ geringen Einbußen Makedoniens. Philipp versuchte
nunmehr, im Osten (an den Meerengen und in Kleinasien) vor-
zugehen, was freilich Pergamon und Rhodos auf den Plan rief,
die sich gegen die überlegenen Makedonen um Hilfe an Rom
wandten. Dieses hatte durch die siegreiche Beendigung des
2. Punischen Krieges freie Hand und ließ sich auf einen neuen
Krieg gegen Makedonien ein (200–197). Diesmal mußte Philipp
eine deutliche Niederlage hinnehmen (Kynoskephalai 197), deren Folgen noch verheerender gewesen wären, hätten sich die
Römer die radikalen Forderungen der griechischen Makedo-
nenfeinde zu eigen gemacht. Da man jedoch Philipp nicht in die
Arme des Seleukidenkönigs Antiochos III. treiben wollte, mußte
der Makedone zwar auf seine Territorien in Griechenland und
Kleinasien verzichten, blieb aber im Besitz seines Reiches. Mit
der Freiheitserklärung von Korinth 196 präsentierten sich die
Römer mit großem Publizitätserfolg als Garanten der Unabhängigkeit der Griechen. Alsbald wurden sie in einen neuen Krieg
hineingezogen, als der Seleukide Antiochos III., der vor kurzem
seine Autorität im Ostteil des Reiches wiederhergestellt hatte,
nun über die Meerengen nach Europa griff, um in Thrakien alte
seleukidische Ansprüche geltend zu machen. Im übrigen ermun-
terten die von Rom enttäuschten Ätoler den Seleukiden, den
Krieg gegen die Römer nach Griechenland herüberzutragen.
Der Römisch-Seleukidische Krieg (192–188), endete mit der
Niederlage des Ätolischen Bundes und mit derjenigen des Antiochos, der im Frieden von Apameia (188) auf Kleinasien nördlich des Taurus verzichten mußte. Hauptnutznießer waren

Roms Verbündete, in erster Linie die Attaliden von Pergamon, die ihr kleinasiatisches Reich nunmehr erheblich erweitern
konnten.

Unter dem Druck der Römer und den argwöhnischen Blicken
griechischer Städte wurde es für die hellenistischen Herrscher
zunehmend schwieriger, politischen Handlungsspielraum zu gewinnen, zumal mit dem Widerstand konkurrierender Könige zu
rechnen war. Als sich Philipps Sohn Perseus zunächst erfolgreich
bemühte, den um Makedonien gezogenen Ring der Isolierung
zu durchbrechen, war es vor allem Eumenes II. von Pergamon,
der in Rom Alarm schlug. Im 3. Römisch-Makedonischen Krieg
(171–168) scheiterte Perseus' Versuch, die Position und das Ansehen Makedoniens wiederherzustellen. Nach einem erbittert
geführten Krieg und dem Sieg des Aemilius Paullus bei Pydna
(168) schafften die Römer die makedonische Monarchie ab, die
einst einen Alexander hervorgebracht hatte, teilten das Land in
vier Regionen mit stark eingeschränkter Souveränität und ver-
hängten ein furchtbares Strafgericht über die griechischen Anhänger der Makedonen: Zahllose Hinrichtungen und umfang-
reiche Deportationen (darunter 1000 Achäer) folgten dem römischen Sieg. Es wäre völlig unzutreffend, für die Schärfe dieser
Aktionen allein die Römer verantwortlich zu machen. Die griechischen Städte und Bünde (Ätolischer Bund, Achäischer Bund)
waren selber in Römer- und Makedonenfreunde gespalten.
Letztere wurden nach dem Sieg der Römer zunächst einmal von
ihren eigenen Landsleuten denunziert: eine gnadenlose Abrech-
nung, wie sie auch früher schon in griechischen Stadtstaaten bei
Umstürzen und Bürgerkriegen vorgekommen war, und im übrigen eine zu allen Zeiten beobachtbare Begleiterscheinung der
«Siegerjustiz». Die Römer taten nichts oder nur wenig, um diesen Greueltaten Einhalt zu gebieten. Im Gegenteil, in ihrer Ver-
bitterung über den im Krieg erfolgten Seitenwechsel von Teilen
von Epirus verwüsteten sie das Land und verkauften 150 000
Epiroten in die Sklaverei. Jeder Widerstandswille in Makedonien und Griechenland sollte gebrochen, jede Möglichkeit wirk-
licher Neutralität ausgeschlossen werden. Zur «Freundschaft»
mit der Supermacht Rom und zur Anerkennung ihrer *auctoritas*

und *maiestas* sollte es in Zukunft keine Alternative mehr geben
können.

Die durch den Sieg über Perseus gewonnene Vormachtstellung Roms war vorerst so eindeutig und bedrohlich, daß auch
auf weit entfernten Schauplätzen ein Machtwort genügte, um
den Willen Roms durchzusetzen. Symptomatisch war das Auftreten des Senatsgesandten Popillius Laenas vor den Toren Alexandreias, der 168 den Seleukiden Antiochos IV. in brüskierender Weise zwang, die Belagerung der ägyptischen Hauptstadt
abzubrechen und seine Truppen aus dem Nilland abzuziehen.

Die von den Römern 168 getroffene Regelung der makedonischen Verhältnisse, vor allem die Aufteilung des zusammengewachsenen Staates in vier Regionen, konnte zu keiner dauernden Beruhigung der Lage führen. Ein Aufstand war die Folge,
in dem Andriskos, ein angeblicher Sohn des Perseus, als Thronprätendent auftrat und schließlich 148 den Römern unterlag.
Noch im gleichen Jahr wurde Makedonien in eine römische Provinz (*Macedonia*) umgewandelt und durch einen senatorischen
Statthalter verwaltet, der auch die Barbarengebiete im Norden
der neuen Provinz unter Kontrolle halten sollte. Währenddessen
wurde Griechenland durch einen weiteren Krieg heimgesucht,
der sich aus einem Konflikt zwischen dem Achäischen Bund und
dem von Rom unterstützten Sparta entwickelt hatte, dann zu
einem neuerlichen Eingreifen Roms führte und schließlich 146
mit der Zerstörung Korinths durch den römischen Konsul
L. Mummius endete. Der Achäische Bund wurde als politische
Institution entwertet, wenn nicht zerschlagen. Unsere Quellen
zeichnen kein klares Bild von der Organisation Griechenlands
nach 146. Ganz offenkundig haben die Römer keine umfassende Neuordnung vorgenommen, eine Provinz *Achaea* ist erst 27
unter Augustus definitiv eingerichtet worden. Bis dahin nahm
der Statthalter von *Macedonia* Ordnungs- und Verwaltungsaufgaben auch in Griechenland wahr, das im übrigen ein buntes
Bild politischer und rechtlicher Verhältnisse bot. Die Einführung einer direkten Herrschaft durch Schaffung einer neuen
Provinz war offenbar kein vordringliches Ziel der römischen
Griechenlandpolitik.

In Kleinasien fungierten in erster Linie die Attaliden als Vertreter der römischen Interessen. Die Seleukiden waren seit dem Frieden von Apameia 188 definitiv hinter den Taurus im Südosten zurückgeworfen, doch andere Könige konkurrierten nun neben den Attaliden um Geltung und Territorialgewinn auf dem Boden Kleinasiens (vor allem Bithynien, Pontos, Kappadokien, Armenien). Die Seleukiden indessen mußten schwere Rückschläge einstecken. Aus Kleinasien verdrängt, durch die Römer 168 an der Ausnutzung des Sieges über die Ptolemäer gehindert, mußten sie zusätzlich noch den Verlust ihrer östlichen Territorien hinnehmen. Durch den Aufstieg der Parther verloren sie um die Mitte des 2. Jhs. die Südhälfte Mesopotamiens (mit Babylon) sowie den ganzen Iran. Widerstandslos haben sie diese Verluste nicht hingenommen. Doch als Antiochos VII. Sidetes nach ersten bedeutenden Erfolgen 129 den Tod im Kampf gegen die Parther fand, war der Niedergang des Seleukidenreiches besiegelt. Es beschränkte sich schließlich nur noch auf Syrien und Kilikien (in Südostkleinasien) und verschwand 63 in der vom römischen Feldherrn Pompeius geschaffenen Provinz *Syria*.

Abgesehen von dem äußeren Druck, dem sie vor allem durch Römer und Parther ausgesetzt waren, hatten die Seleukiden gegen mannigfaltige Sezessionsbestrebungen zu kämpfen, nicht nur im Westen (Kleinasien) und im Osten («Obere Satrapien»), sondern auch im Zentrum ihres Reiches. Große Wirkung und Nachwirkung erzielte der Einsatz der jüdischen Makkabäer gegen die Hellenisierungspolitik Antiochos' IV. (ab 167). Der Eifer der Makkabäer und ihrer Anhänger für den Jahwe-Kult und das Gesetz sowie die rigorose Bekämpfung griechischer Kulte und Lebensformen richteten sich sowohl gegen die Seleukiden als auch gegen assimilationsbereite Juden in Jerusalem selbst. In erbitterten Kriegen und mit wohlwollender Protektion durch die Römer erstritten sie im Laufe der nächsten Jahrzehnte ihre Unabhängigkeit von den Seleukiden. Unter Führung der Hasmonäer (so die von dem Vorfahren Hasmon abgeleitete dynastische Bezeichnung der Makkabäer) konsolidierte sich der jüdische Staat und ging nun seinerseits aggressiv gegen seine Nachbarn vor, die zum Teil mit Gewalt zur Annahme des jüdischen Kultes gezwungen wurden. Als schwere Belastung erwiesen sich immer wieder blutige Auseinandersetzungen innerhalb der Hasmonäer-Dynastie, in die sich schließlich auch Pompeius einschaltete. Doch seine Eroberung Jerusalems 63 und die Beschneidung der jüdischen Macht hatten keine bleibende Wirkung, da der Bürgerkrieg zwischen Caesar und Pompeius (49–48) und dessen Folgen ganz neue Konstellationen herbeiführten, die schließlich den Aufstieg des Herodes (regierte 37–4) zum König unter römischem Protektorat ermöglichten.

Eine neue Dimension erhielt die Vormachtstellung Roms in Kleinasien, als Attalos III., der letzte König Pergamons, den Römern 133 die Landgebiete seines Reiches testamentarisch vermachte, wohingegen die Griechenstädte die Freiheit erlangen sollten. Gegen diese Regelung erhob sich Aristonikos, ein illegitimer Sohn des pergamenischen Königs (Eumenes' II. oder Attalos' II.), und fand regen Zulauf seitens der ärmeren und unfreien Bevölkerung des Landes. Die Städte jedoch setzten ihm häufig Widerstand entgegen. In Kleinasien wie auch in Griechenland wurde Rom als eine Macht wahrgenommen, die das reiche Bürgertum der Poleis favorisierte. Deshalb konnten hellenistische Könige sich in ihren Auseinandersetzungen mit Rom des öfteren auf die unteren Schichten und die Landbevölkerung stützen. Als Antwort auf deren Elend und deren Erwartungen entwarf Aristonikos das Modell eines «Sonnenstaates» (*Heliopolis*), der sich durch größere soziale Gerechtigkeit auszeichnen sollte. Alsbald breitete sich seine Bewegung auch jenseits der Grenzen des Pergamenischen Reiches aus, und er erzielte erste militärische Erfolge sogar gegen römische Truppen. Schließlich jedoch gelang es den vereinten Kräften der Römer, der Griechenstädte und der benachbarten hellenistischen Könige, des Aristonikos Herr zu werden. Mit der Einrichtung der Provinz *Asia* auf dem Boden des Attalidenreiches gingen die Römer 129 zur Ausübung direkter Herrschaft in Kleinasien über. Das hatte unter anderem zur Folge, daß die Eintreibung der fälligen Abgaben den italischen Steuerpachtgesellschaften, den *publicani*, übertragen wurde, was bald zu bedrohlichen Mißstimmungen in der Bevölkerung führen sollte.

Während sich diese bedrückenden Zustände in der Provinz *Asia* entwickelten, vollzog sich im Osten Kleinasiens der Aufstieg des Königreichs Pontos unter dem neuen und höchst energischen König Mithradates VI. Eupator aus hellenistisch-iranischem Geschlecht (regierte 114 [?]–63). Zunächst erweiterte er seine Machtbasis außerhalb der unmittelbaren römischen Einflußsphäre: Unter dem Druck der auf der Krim expandierenden Skythen hatte sich die Griechenstadt Chersonesos Taurike (heute Sewastopol) um Hilfe an Mithradates gewandt. Dessen Feldherr Diophantos gelang es nicht nur, die Skythen zu schlagen, sondern außer Chersonesos auch das Bosporanische Reich, das sich beidseitig des Kimmerischen Bosporos (Straße von Kertsch) erstreckte, für Mithradates zu gewinnen (113–111?). Als Mithradates in der Folgezeit versuchte, seine Herrschaft auf Kosten der benachbarten Königreiche in Kleinasien zu erweitern, geriet er schlußendlich in Konflikt mit Rom. Drei für Kleinasien und Griechenland verheerende Kriege waren die Folge: 1. Mithradatischer Krieg 89/88–85, 2. Krieg 83–82, 3. Krieg 74–63. Seit Hannibal hatten die Römer keinen Gegner mehr gehabt, der ihnen so lange Zeit so viel zu schaffen machte. Allerdings waren ihnen die Hände auch immer wieder durch Konflikte in Italien, vor allem durch den Bürgerkrieg zwischen Marianern und Sullanern, gebunden. Mithradates konnte auf eine im hellenistischen Osten weit verbreitete Abneigung gegen die römische Herrschaft bauen. Den Beweis liefert die sogenannte kleinasiatische Vesper, als 88 auf Befehl des Mithradates mit einem Schlage 80 000 Römer und Italiker in Kleinasien ermordet wurden. Ende des Jahres 88 trug Mithradates den Krieg nach Griechenland hinüber. Als *Neos Dionysos* («Neuer Dionysos») entsprach er den politischen Heilserwartungen breiter, vor allem romfeindlicher, Bevölkerungsschichten und fand mit seiner Propaganda großen Zulauf, gerade auch in Athen (Abb. 5). Doch die Stadt zahlte dafür einen hohen Preis: Durch den römischen Feldherrn Sulla belagert, gestürmt und geplündert, erlebte Athen 86 die größte Katastrophe seit den Perserkriegen. Mithradates wurde aus Griechenland verdrängt und mußte 85 im Frieden von Darda-

Abb. 5: Tetradrachmon des Mithradates VI. Eupator, 92/91 geprägt. Auf der Vorderseite ist Mithradates mit dem Diadem als Insignie seiner Königswürde dargestellt. Er trägt das Haar lang wie die Heroen der mythischen Vorzeit und erinnert damit zugleich an sein Vorbild Alexander den Großen. Die Rückseite ist mit Botschaften überladen: Der grasende Pegasos, das geflügelte Sagenpferd des Heros Perseus, erinnert ebenso wie Mondsichel und Stern an die persischen Ahnherren des Mithradates, während der umlaufende Efeukranz des Gottes Dionysos auf den «Neuen Dionysos» Mithradates anspielt. Die Beischrift in der Mitte nennt den Herrn der Prägung: «des Königs Mithradates Eupator»; daneben ein Monogramm, darüber das Datum.

nos am Hellespont auf alle Gebietsgewinne seit Kriegsbeginn verzichten.

Eher eine Episode bildete der 2. Mithradatische Krieg 83–82, den Licinius Murena als Statthalter der Provinz *Asia* mit einem Einfall in das pontische Stammland des Mithradates vom Zaune gebrochen hatte und nach schweren Rückschlägen beenden mußte. Den Höhepunkt und seine größte Ausweitung erreichte der Konflikt mit Rom im 3. Mithradatischen Krieg (74–63), da nun auch Armenien und Parthien in die Auseinandersetzungen hineingezogen wurden. Nach anfänglichen großen Erfolgen mußte Mithradates Kleinasien aufgeben und auf die Krim (Bosporanisches Reich) zurückweichen. Als sich hier sein eigener Sohn Pharnakes gegen ihn erhob, ließ Mithradates sich 63 durch einen Söldner den Tod geben. In dieser langjährigen Auseinandersetzung, zu der noch ein Seeräuberkrieg im gesamten Mittelmeer hinzukam, löste Pompeius den römischen Feldherrn

Licinius Lucullus ab und gewann durch seine Siege und die Neuordnung des hellenistischen Ostens 64/63 (Einrichtung von Provinzen und Anerkennung von Klientelkönigen) eine einzigartige Stellung und Machtfülle (Karte 4). Roms Herrschaft war nunmehr so unangefochten, daß sie nicht einmal durch eine Folge römischer Bürgerkriege ernsthaft erschüttert wurde. Zwar konnten die Parther durch ihren Sieg über Licinius Crassus 53 in Carrhae die römische Herrschaft in Syrien vorübergehend gefährden, doch nicht minder verheerend für die hellenistischen Gebiete waren die Verluste an Menschen und materiellen Werten, die sie infolge der römischen Bürgerkriege zu erleiden hatten. In den Konflikt zwischen Pompeius und Caesar wurde der ganze östliche Mittelmeerraum hineingezogen. Die Entscheidung fiel auf dem Boden Griechenlands (Pharsalos 48). Wenige Jahre später wurde der Krieg gegen die Caesarmörder Brutus und Cassius im hellenistischen Osten ausgetragen. Beendet wurde er 42 durch die Schlacht von Philippi in Makedonien zugunsten Octavians, des späteren Kaisers Augustus.

Als letztes der großen hellenistischen Königreiche hatte bis dahin das ptolemäische Ägypten seine Souveränität wahren können. Zwar gehörten seit dem 2. Jh. auch die Ptolemäer zur politischen Klientel der Römer, aber sie hatten trotz häufiger dynastischer Konflikte und bisweilen bürgerkriegsartiger Auseinandersetzungen mit Teilen der einheimischen Bevölkerung als eigenständige Monarchie überleben können. Im Laufe der Zeit hatten sie ihre auswärtigen Besitzungen in Kleinasien und in Syrien/Palästina eingebüßt, desgleichen die Kyrenaika und Zypern, aber die geopolitisch günstige Lage im Südostwinkel der Mittelmeerraums hatte sie dem direkten Zugriff Roms nur selten ausgesetzt. Das änderte sich, als der römische Triumvir Marcus Antonius 41 den hellenistischen Osten als sein Zuständigkeitsgebiet erhielt. Zur Führung des Partherkrieges benötigte Antonius erhebliche Mittel, die ihm vor allem das an Ressourcen reiche Ägypten liefern konnte. Die damals regierende Ptolemäerin Kleopatra VII. war als eine mit Rom «befreundete» Herrscherin, d. h. als Klientelkönigin, zu solchen Hilfeleistungen verpflichtet. Aber ihr war es schon gelungen, Caesar 48/47

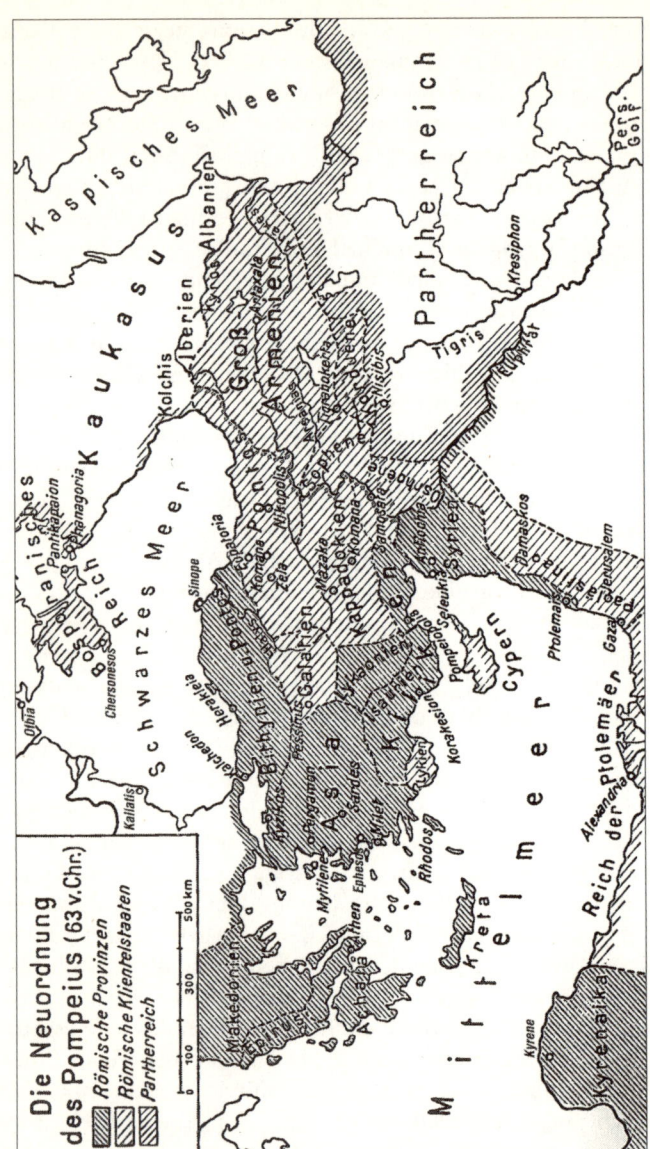

Die Neuordnung
des Pompeius (63 v.Chr.)
Römische Provinzen
Römische Klientelstaaten
Partherreich

Karte 4

auch persönlich für ihre Interessen zu gewinnen und mit seiner Hilfe ihre Rückkehr auf den Thron zu erreichen. Aus ihrer Verbindung mit dem römischen Dictator war 47 ein Sohn hervorgegangen, der den offiziellen Doppelnamen Ptolemaios Kaisar erhielt. Kleopatra hatte es offenkundig gut verstanden, das römische Klientelsystem, das auf Loyalität und Mitarbeit «befreundeter Könige» (*reges amici*) beruhte, in ihrem Sinne zu nutzen (Abb. 6–7).

Zwar machte die Ermordung Caesars 44 Kleopatras Hoffnungen vorerst zunichte, aber mit dem Auftreten des Antonius im Osten bot sich ihr eine neue Chance. Sie verstand es äußerst geschickt, aus ihrer Unterstützung des Antonius und seines alles andere als glatt verlaufenden Krieges gegen Parthien und Armenien Kapital zu schlagen. So ließ sie sich von Antonius mehrere Gebiete zuweisen, vor allem solche, die einstmals zum Ptolemäerreich gehört hatten. Grundsätzlich waren solche Gebietsverschiebungen zugunsten bzw. zuungunsten des einen oder anderen Klientelkönigs im Rahmen des römischen Herrschaftssystems nichts Ungewöhnliches, aber im Falle Kleopatras gingen diese Vergünstigungen über das herkömmliche Maß hinaus und mit einem persönlichen Verhältnis zwischen Antonius und Kleopatra einher, das 32 schließlich zur Scheidung des Antonius von seiner römischen Gattin Octavia, der Schwester des Triumvirn Octavian (des späteren Augustus), führte. Schon früher, wohl 34, hatte Antonius Kleopatra auch offiziell geehelicht, die gemeinsamen Kinder anerkannt und diese, wie auch Ptolemaios Kaisar, mit Herrschaftstiteln und mit Königreichen ausgestattet, die zum Teil erst noch erobert werden mußten. Die rasch zunehmende persönliche Entfremdung zwischen Octavian und Antonius, andererseits der in Rom als Bedrohung wahrgenommene Aufbau eines von Kleopatra betriebenen, von Antonius geförderten römisch-ptolemäischen Herrschaftssystems im Osten führten 32 zum Krieg, in dem Kleopatra von den Anhängern Octavians zur Staatsfeindin erklärt wurde. Auf diese Weise sollte der Bürgerkriegscharakter des Konfliktes verschleiert werden. Die erste Kriegsphase endete 31 mit der Niederlage der römisch-ägyptischen Flotte und der Kapitulation des Landheeres des

Abb. 6: Bildnis Iulius Caesars (Berlin, Staatliche Museen, Antikensamm-lung). Die Büste aus oberägyptischem Grünschiefer (die Augeneinlagen aus Marmor sind modern) ist vielleicht zur Zeit Kleopatras entstanden. Wir wis-sen, daß die Königin zahlreiche Porträts Caesars anfertigen ließ. Auch eine spätere Entstehung des Bildnisses in der Zeit der julisch-claudischen Dyna-stie wäre denkbar. Die Büste zeigt deutliche Züge der griechisch-römischen wie auch der spätägyptischen Porträtkunst. Für letztere bezeichnend: weit aufwölbende, aber straffe Kontur des Schädels; Haare nicht plastisch abge-setzt, sondern in den Schädel eingraviert (vgl. Heinen 1995, Taf. II–III mit ausführlichem Kommentar).

Antonius bei Actium in Westgriechenland. Definitiv war der Krieg im Jahre 30 zu Ende, als sich der in Alexandreia einge-schlossene Antonius und kurz darauf auch Kleopatra das Leben nahmen. Als eines der letzten Opfer fiel auch Ptolemaios Kaisar, natürlicher und einziger Sohn Caesars, dessen Beseitigung durch Caesars Adoptivsohn Octavian befohlen worden war. Auch Ägypten wurde nun römische Provinz.

Diese Zusammenhänge mußten hier etwas ausführlicher zur Sprache kommen, denn sie beleuchten nicht nur das Ende des letzten hellenistischen Großstaates und den Ausbau der römi-schen Herrschaft im Osten, sondern sie zeigen auch die proble-

Abb. 7: Kleopatra VII. (Berlin, Staatliche Museen, Antikensammlung). Die Marmorbüste unbekannter Herkunft stellt die Königin mit breitem Diadem und dem für sie typischen Haarknoten dar, als elegante griechische Dame, nicht im pharaonischen Stil Ägyptens. In der etwas kühlen, herben Distanziertheit dieses Porträts spiegeln sich, wie in der damaligen römischen Porträtkunst, klassizistische Züge des späten 1. Jhs. in Verbindung mit einem Rückgriff auf Elemente des älteren griechisch-ägyptischen Landschaftsstils.

matische Verflechtung führender Römer wie Caesar und vor allem Antonius mit der hellenistischen Dynastie der Ptolemäer. Diese Problematik hat Antonius nicht erfolgreich zu meistern verstanden. Doch nicht nur er und das ptolemäische Ägypten, sondern auch die republikanische Verfassung Roms sind dabei zugrunde gegangen. Mit dem Tod des Antonius war der letzte ernstzunehmende Rivale Octavians gefallen. Für eine Neuordnung des römischen Staates und seines Imperiums war der Weg nunmehr frei. Dieser Weg führte zum Prinzipat Octavians, der 27 den Ehrentitel Augustus annahm, und zu einem Großreich, in dessen östlicher Hälfte die ehemaligen hellenistischen Monarchien als römische Provinzen mit griechischer Sprache und Kultur weiterlebten.

3. Die Regionen der hellenistischen Welt: Staat, Gesellschaft, Wirtschaft

Anders als der römische Staat, der sich kontinuierlich aus dem Stadtstaat Rom heraus entwickelte und ein auf Rom ausgerichtetes Imperium schuf, hat die hellenistische Welt keinen einheitlichen Staat hervorgebracht. Vielleicht wäre dies geschehen, wäre nicht Alexander der Große vorzeitig gestorben. Doch so zerfiel sein Reich in eine Vielzahl von Staaten mit ganz unterschiedlichen Vorgeschichten, Lebensformen und Bevölkerungskomponenten. Dennoch haben die Monarchien, die aus den Diadochenkämpfen hervorgegangen sind, gemeinsame Merkmale, eben weil sie im Alexanderreich und im makedonischen Königtum einen gemeinsamen Ursprung haben. Von diesem Ausgangspunkt aus verlaufen allerdings die Entwicklungslinien von Staat, Gesellschaft und Wirtschaft der einzelnen Staaten in je eigener Weise. Diese Linien müssen zunächst einmal nachgezeichnet werden; erst dann lassen sich Gemeinsamkeiten und Unterschiede erkennen.

3.1 Makedonien

Der Ursprung der hellenistischen Monarchien ist das makedonische Königtum, das seine Gestalt erst allmählich im Zuge der Entstehung des makedonischen Staates gewonnen hatte. Zwischen dem 7. und der Mitte des 4. Jhs. hatte sich Makedonien von einer Kernzone am Olymp nach Westen, Norden und Osten ausgedehnt. Unter Alexanders Vater Philipp II. (regierte 359–336) gewann Makedonien ein neues Gesicht: territorial, institutionell, militärisch und kulturell. Infolge seiner Eroberungen erstreckte sich Makedonien von der Grenze Illyriens im Westen bis zum Schwarzen Meer im Osten. Er hatte die Gebirgszonen des obermakedonischen Hinterlandes, griechische

Küstenstädte und thrakische Stammeslandschaften zu einem Reich zusammengefaßt, das er in engster Verbindung mit dem makedonischen Adel regierte. Das Selbstbewußtsein dieses Adels leitete sich aus der Tradition regionaler Fürstentümer her. Philipp und Alexander versuchten, diesen Adel an ihre Dynastie zu binden, meist mit Erfolg. Die vielen siegreichen Feldzüge boten ihm ein lohnendes militärisches Betätigungsfeld, vor allem in der Reiterei der Hetairoi, d. h. der «Gefährten», des Königs. Ihnen winkte nicht nur reiche Beute, sondern sie durften auch auf Landschenkungen in den unterworfenen Gebieten hoffen. Eine weitere und breite Basis der Staats- und Gesellschaftsordnung Makedoniens bildeten die landbesitzenden Bauern. Als «Gefährten zu Fuß» (*pezhetairoi*) waren sie neben der Hetairenreiterei das Rückgrat des Heeres.

Die traditionell starke, von Philipp noch gefestigte Stellung der Monarchie kam überdies darin zum Ausdruck, daß der König den Staat auch nach außen vertrat: Er schloß die Staatsverträge in eigenem Namen ab, empfing die auswärtigen Gesandten und führte die Verhandlungen mit ihnen. Der König ernannte die Führungskräfte des Heeres und der Verwaltung. In wichtigen Angelegenheiten wurde der Adel, auf den Feldzügen auch die Heeresversammlung hinzugezogen, doch das entscheidende Gewicht besaß letztlich der König, der sich in der Regel mit seinen Hetairen, später mit seinen als «Freunde» (*philoi*) bezeichneten engeren Mitarbeitern beriet. Die Administration des Landes, gerade auch die Einziehung der Steuern und die Wirtschaftsverwaltung, war zentral gesteuert. Die Erträge der Bergwerke und der Holzexport unterlagen dem königlichen Monopol. Diese Einkünfte wie auch diejenigen aus den umfangreichen königlichen Ländereien machten den Monarchen zum weitaus reichsten Mann seines Landes. Seine Mittel konnte er nach Belieben für Strukturmaßnahmen, für das Heer wie auch für die Förderung seiner außenpolitischen Ziele einsetzen. Selbstverständlich flossen diese Gelder auch für die Ausstattung und das Prestige des königlichen Hofes in der Hauptstadt Pella. Gelehrte, Künstler, Schauspieler aus ganz Griechenland wurden durch Philipp und seine Nachfolger für kürzere oder längere

Aufenthalte in der makedonischen Residenz gewonnen, so vor allem auch der Philosoph Aristoteles als Erzieher Alexanders.

Trotz ihrer langwierigen und blutigen Auseinandersetzungen mit den souveränen Stadtstaaten Griechenlands förderte schon Philipp, mehr jedoch noch Alexander im makedonischen Stammland wie auch in den eroberten Gebieten die Entwicklung griechisch verfaßter Städte, freilich nicht als selbständige Stadtstaaten, sondern als Zentren lokaler Selbstverwaltung. Zu den konstitutiven Institutionen einer solchen Stadt, einer Polis, unabhängig davon, ob sie souveräner Stadtstaat oder einem monarchischen Flächenstaat zugeordnet war, gehörten die Volksversammlung (*ekklesia*) der freien männlichen Bürger und die Wahrnehmung der Amtsgeschäfte durch einen Rat (*bule*). Für die Griechen außerhalb Makedoniens war die Polis die Lebens- und Organisationsform schlechthin gewesen. Durch seine Eroberungen hatte Philipp II. seinem Reich mehrere griechische Poleis einverleibt; weitere Griechenstädte gründete er selbst, so vor allem Philippopolis in Thrakien (das heutige Plovdiv in Bulgarien) zur Kontrolle des frisch unterworfenen Gebietes. Sein Sohn Alexander wurde der größte Städtegründer der griechischen Geschichte überhaupt. Allenthalben in den von ihm eroberten Gebieten richtete er mit griechischen und makedonischen Siedlern Poleis ein, die seine Herrschaft selbst in den fernsten Territorien sichern sollten und diese Herrschaft bzw. diejenige seiner Nachfolger in der Tat ja auch gesichert haben. Die Organisationsform der Polis galt im Vergleich mit den archaischeren Verhältnissen Altmakedoniens als modern und effizient. Sie erleichterte im übrigen den Anschluß Makedoniens, in dessen Kernlandschaften immer noch ein den Griechen weitgehend unverständlicher, wenn auch dem Griechischen verwandter Dialekt gesprochen wurde, an den kulturellen Standard der mittelmeerweiten griechischen Welt.

Nicht nur als Schule der Selbstverwaltung und als Reservoir von Führungskräften waren die Griechenstädte Philipp, Alexander und den hellenistischen Herrschern willkommen. Typisch für die Poleis war nämlich eine weitere Institution, die den Königen im makedonischen Stammland wie auch in den eroberten

Gebieten von großem Nutzen sein sollte: das Gymnasium. In vielen Fällen boten die Gymnasien auch kulturelle Leistungen, doch ihre Hauptaufgabe, gerade im hellenistischen Makedonien, aber auch sonst bestand in sportlicher und militärischer Ertüchtigung. Die Gymnasien dienten in allererster Linie der Heranbildung eines verteidigungsfähigen und kriegsbereiten Bürgertums, aus dem wiederum die hellenistischen Herrscher geeignete Soldaten für ihre Heere rekrutieren konnten. Sklaven und Freigelassene hatten keinen Zugang zu gymnasialer Ausbildung. Die Gymnasien waren ein Privileg freier griechischer bzw. makedonischer Bürger. Sie schlossen sich daher nicht nur gegen die niederen Stände ab, wie eine kürzlich vorgelegte Inschrift aus dem makedonischen Beroia anschaulich zeigt (Gauthier, Hatzopoulos 1993), sondern sie öffneten sich auch in den eroberten Gebieten des hellenistischen Ostens nur allmählich der hellenisierungsbereiten nichtgriechischen Bevölkerung. Oft hat man behauptet, mit dem Sieg Philipps II. über die Griechen bei Chaironeia 338 sei das Zeitalter der Monarchie angebrochen und das der Polis zu Ende gegangen. Das stimmt weitgehend, aber nur in bezug auf den souveränen griechischen Stadtstaat. Als Organisationsform stadtbürgerlicher Selbstverwaltung hat jedoch die Polis im Hellenismus nicht nur überlebt, sondern einen ungeahnten Expansionsschub erhalten. Die politische Erziehung durch die Polis, die militärische durch das Gymnasium haben wesentlich dazu beigetragen, daß die Griechen in den weiten Territorien des Orients unter Wahrung ihrer Identität lange Zeit überleben und eine Kulturgemeinschaft bilden konnten, die die Grenzen der einzelnen hellenistischen Staaten überschritt.

3.2 Griechenland und Ägäis

Im Süden Makedoniens bot Griechenland in hellenistischer Zeit ein buntes und häufig wechselndes Bild. Die wichtigste Zäsur zwischen dem Tod Alexanders 323 und dem Untergang Kleopatras 30 stellte die Ablösung der makedonischen Hegemonie durch die römische in den Jahren von 197 bis 168 dar. Thessalien mit seinen weiten und fruchtbaren Ebenen stand bis 197 unter direkter Herrschaft des makedonischen Königs, der zugleich Archon, d. h. Leiter, des Thessalischen Bundes war. Charakteristisch für die politische Organisation des hellenistischen Griechenlands war die wachsende Bedeutung der Bundesstaaten (sogenannte *koina*), die mehrere Stadt- bzw. Stammesgebiete zu einer größeren Einheit mit eigenem Bürgerrecht zusammenfaßten (*ethnos*, «Volk» als Oberbegriff). Diese Bünde hatten im allgemeinen Wurzeln, die in die vorhellenistische Zeit zurückreichten, doch ihre große Bedeutung gewannen sie erst durch den Niedergang der bisher mächtigen Stadtstaaten. Die wichtigste Rolle spielten zwei Bünde, die bisher nicht sonderlich hervorgetreten waren: der Achäische Bund mit seinem Kerngebiet in der nordpeloponnesischen Landschaft Achaia und der Ätolische Bund im Westen des festländischen Griechenlands. Wenngleich diese Bundesstaaten kein ausgebildetes Repräsentationsprinzip im heutigen Sinne kannten, so ist doch sehr bezeichnend, daß die einzelnen Gliedstaaten (Poleis) ihre Souveränität auf den Bund übertrugen. In der Kompetenz des Bundes lag die Gesetzgebung in Bundesangelegenheiten, er regelte Konflikte zwischen den Gliedstaaten und entschied über Krieg und Frieden. Die Bundesorgane entsprachen denen einer Polis: Bundesversammlung (oft als *ekklesia* bezeichnet), Bundesrat und jährlich wechselnde Bundesbeamte.

Der Achäische und der Ätolische Bund waren auf die Gewinnung neuer Mitglieder, also auf Expansion, angelegt. Sie befanden sich häufig in Konflikt miteinander, vor allem aber mit Makedonien, der Achäische Bund speziell noch mit dem benachbarten Sparta. Um ihre jeweilige Position abzusichern, führten diese Bünde eine aktive Außenpolitik auch weit über die Grenzen Griechenlands hinaus: Der Achäische Bund unterhielt besonders enge Beziehungen zum ptolemäischen Ägypten, der Ätolische Bund war zeitweilig die wichtigste griechische Stütze Roms im Kampf gegen Makedonien.

In diesem Wechselspiel der Kräfte blieb den seinerzeit führenden Stadtstaaten Griechenlands nur noch eine schwindende Rolle. Theben als Zentrum des Böotischen Bundes war seit der Zerstörung durch Alexander 335 nachhaltig geschwächt. Daß

Korinth mit seiner Lage am Isthmos, der Landenge zwischen dem festländischen Griechenland und der Peloponnes, sowie mit Zugang zum Korinthischen wie zum Saronischen Golf verkehrsmäßig und militärisch eine Schlüsselstellung innehatte, kam die Stadt teuer zu stehen. Heiß umkämpft, zunächst unter makedonischer, später unter achäischer Herrschaft, erlebte Korinth mit der Eroberung und Plünderung durch die Römer 146 seine große Katastrophe.

Athen hatte nach der Niederlage von Chaironeia 338 seine politische und militärische Bedeutung zwar nicht ganz, aber doch weitgehend eingebüßt. Verschiedentlich erhob es sich noch gegen die makedonische Vorherrschaft, so vor allem im Chremonideischen Krieg (267–261?), letztlich vergebens. Von der römischen Hegemonie im 2. Jh. konnte die Stadt zunächst politisch und auch wirtschaftlich profitieren. Doch die allgemeine ökonomische, soziale und politische Mißstimmung in Griechenland, die Anfang des 1. Jhs. einen neuen Höhepunkt erreichte, trieb auch Athen in das Lager des Römerfeindes Mithradates VI. von Pontos und damit in den Ruin: 86 wurde die Stadt durch Sulla erobert und verwüstet.

Sparta war nach der Niederlage von 338 dem Korinthischen Bund nicht beigetreten und hatte während des Alexanderzuges abseits gestanden. Seine große Zeit war jedoch nicht nur wegen der makedonischen Vorherrschaft, sondern auch wegen der eigenen Staats- und Gesellschaftsordnung zu Ende. Die Abschließung der spartanischen Vollbürgerschaft gegen die minderprivilegierten Periöken («Umwohner») und den unnachsichtig niedergehaltenen Stand der unfreien Heloten hatte im 3. Jh. eine radikale Schrumpfung der staatstragenden Schicht zur Folge, die um 250 nur noch ca. 700 spartanische Vollbürger gezählt haben soll. Energische Reformen waren vonnöten, um den Staat auf eine breitere Grundlage zu stellen. Sie sind im 3. und 2. Jh. auch tatsächlich in Angriff genommen worden, und zwar von oben, durch die Könige: zunächst durch Agis IV., dann durch Kleomenes III. (beide im 3. Jh.), schließlich durch Nabis (2. Jh.). Kernpunkte des Reformprogramms waren Schuldenerlaß und Neuverteilung des Landes an Periöken, unter Nabis auch an Heloten, also Maßnahmen, die eine erhebliche Erweiterung der Bürgerschaft und damit vor allem auch die Schaffung eines stärkeren Bürgerheeres zum Ziele hatten. Diese Reformversuche scheiterten nicht nur an der Intervention auswärtiger Kräfte, vor allem des Achäischen Bundes, sondern die Reformer stießen auch, und in erster Linie, auf den Widerstand der Besitzenden in Sparta selbst, die weder ihr Land noch ihre Privilegien teilen wollten. Deren Opposition fand Rückhalt an gewissen Eigentümlichkeiten der spartanischen Verfassung: an der Institution des Doppelkönigtums, die einen Reformkönig wie Agis an der Gegnerschaft seines Mitkönigs scheitern ließ, sowie an der starken Stellung des Ephorenkollegiums, eines wichtigen Kontrollorgans der Spartaner, das sich dem Kleomenes in den Weg zu stellen versuchte. Alle diese Reformen sind letztlich gescheitert, ihre Urheber alle eines gewaltsamen Todes gestorben.

Die Konzentration des Besitzes in den Händen weniger war nicht nur ein spartanisches, sondern ein allgemein griechisches Phänomen der Zeit. Eine um sich greifende Verarmung hatte Zahl und Stellung der freien Bürger reduziert. Konnte sich die klassische Demokratie auf die Masse der landbesitzenden Bürger stützen, so trugen Verelendung einerseits, Besitzkonzentration andererseits dazu bei, daß die Städte Griechenlands nur noch dem Namen nach Demokratien waren, in Wirklichkeit aber durch eine schmale Führungsschicht politisch und ökonomisch beherrscht wurden. Der zeitgenössische Historiker Polybios (36, 17) beklagte Armut und Kinderlosigkeit des mutterländischen Griechenlands, führte sie aber nicht auf wirtschaftliche und soziale Ungleichheit zurück, sondern auf die moralische Dekadenz der Bevölkerung. Aus Bequemlichkeit hätte man auf die Ehe verzichtet oder allenfalls ein bis zwei Kinder großgezogen, um der Familie materiellen Wohlstand zu sichern. So sei es kein Wunder, sollte der Krieg das eine, eine Krankheit das andere Kind wegraffen, wenn die Häuser sich allmählich leerten. Deshalb sei es angebracht, durch Gesetze die Eltern zu zwingen, ihre Kinder aufzuziehen. Mit anderen Worten: Polybios wendet sich mit aller Schärfe gegen die in Griechenland ja nicht unübliche Praxis, unerwünschte Kinder auszusetzen.

Das von Polybios gezeichnete Nachtgemälde der griechischen Gesellschaft beleuchtet aber eher die Verhältnisse des 2. als des 3. Jhs. Auch sonst gibt es genug Anhaltspunkte für die Annahme, daß wirtschaftliche und soziale Schäden im 2. Jh. zunahmen, nicht zum wenigsten aufgrund der vielen und verheerenden Kriege. Diese absteigende Linie läßt sich im 1. Jh. noch deutlicher verfolgen: Die Mithradatischen Kriege und die nicht abreißende Kette römischer Bürgerkriege, die größtenteils auf dem Boden Griechenlands und im hellenistischen Osten ausgetragen wurden, haben den Niedergang nur noch beschleunigt und das Elend vermehrt. So erstaunt es nicht, daß die erschöpfte hellenistische Welt nicht so sehr Freiheit und Demokratie als vielmehr den Frieden herbeisehnte. Sie war im 1. Jh. bereit und willens, politische und religiöse Heilsbotschaften aufzunehmen und Augustus, den ersten römischen Kaiser, als Friedensbringer mit kultischen Ehren zu begrüßen.

Blicken wir vom festländischen Griechenland auf die Inseln der Ägäis, so gelten natürlich auch hier die allgemeinen Züge der Zeit. In ihren Kämpfen um Einfluß und Territorien versuchten die hellenistischen Herrscher, die Inselgriechen jeweils auf ihre Seite zu ziehen und den Konkurrenten abspenstig zu machen. Die Inseln der Ägäis wurden zu einem Bund zusammengeschlossen (Nesiotenbund, von *nesiotes*, «Inselbewohner»), der abwechselnd unter dem Einfluß der Makedonen und der Ptolemäer stand. Doch im Laufe der zweiten Hälfte des 3. Jhs. setzte sich die von einer Handelsaristokratie regierte Insel Rhodos als die führende Seemacht in der Ägäis und darüber hinaus durch. Rhodos verdankte Stellung und Reichtum seiner Funktion als Schaltstelle des Mittelmeerhandels von den Küsten Südrußlands bis in den Nahen Osten und nach Ägypten. Durch seine Erfolge hatte es außerdem ein beträchtliches Territorium im Hinterland der kleinasiatischen Gegenküste gewonnen und war neben Pergamon der führende Staat an der Westflanke des Seleukidenreiches. Dank seiner schlagkräftigen Flotte konnte Rhodos die Seeräuberplage einigermaßen meistern und auf diese Weise die Sicherheit der Fernhandelsrouten gewährleisten. Bezeichnend für die internationale Reputation von Rhodos war die Hilfe, die der

Insel nach dem schweren Erdbeben von 227 (dem auch die berühmte Kolossalstatue des Sonnengottes Helios zum Opfer fiel) von vielen Herrschern zuteil wurde. Die Blütezeit von Rhodos ging nach dem 3. Römisch-Makedonischen Krieg (171–168) zu Ende, als Rom die Insel für ihre unentschiedene Haltung in diesem Konflikt bestrafte und ihr mit der Erhebung von Delos zum Freihafen eine höchst erfolgreiche Konkurrentin schuf.

Delos gehört zwar zu den kleinsten Inseln der Ägäis, aber durch sein Apollon-Heiligtum war es seit alters hochberühmt. Zahlreiche Stiftungen von Städten und Fürsten machten Delos zu einer wahren und dazu noch relativ sicheren Bank, weil die Insel, und damit auch die dort angehäuften Weihegaben und Depots, durch den Gott und die Unverletzlichkeit des Heiligtums als geschützt galten. Die inschriftlich erhaltenen Inventare sind eine wichtige Quelle für das Vermögen und die Finanztätigkeit des Tempels. Archäologische, epigraphische und literarische Zeugnisse dokumentieren die vielfältigen Verbindungen der Insel mit der gesamten Mittelmeerwelt. Die Verehrung ägyptischer und syrischer Gottheiten auf Delos belegt nicht nur die Kontakte zum Ptolemäer- und Seleukidenreich, sondern auch den beginnenden Siegeszug orientalischer Kulte in der griechischen Welt. Als von Rom begünstigter Freihafen zog Delos zahlreiche italische Kaufleute an. Ein Begriff vom Umfang dieser Handelsniederlassungen vermittelt die Nachricht, daß im Kampf gegen Rom ein Feldherr Mithradates' VI. im Jahre 87 vornehmlich auf Delos 20 000 Menschen, meist Italiker, hat umbringen lassen (Appian, *Mithridateios* 28). Fragen wir nach den Waren, die auf diesem Umschlagplatz zwischen Ost und West den Einsatz so vieler Kaufleute und Helfer erforderlich und lohnend machten, so erfahren wir, daß auf Delos vor allem der Menschenhandel blühte. Der Hafen soll in der Lage gewesen sein, an einem einzigen Tag Anlandung, Verkauf und Wiedereinschiffung von mehreren Tausend Sklaven zu bewerkstelligen (Strabon 14, 5,2). Natürlich waren die häufigen Kriege der damaligen Zeit, in denen keine Konvention die Kriegsgefangenen und die Zivilbevölkerung schützte, permanente Faktoren für die Versklavung zahlreicher Menschen. Hinzu kam der ganz «normale» Sklavennachschub aus den Gebieten des Ostens und dem Schwarzmeerraum. Die massive Zunahme des Sklaveneinsatzes in den Haushalten und vor allem auf den Ländereien Italiens und Siziliens seit dem 2. Jh. zeigt die Hauptrichtung dieses Menschenhandels und erklärt auch die Häufung von Sklavenaufständen in diesen Gebieten in den letzten Jahrzehnten des 2. und in den ersten Jahrzehnten des 1. Jhs. Von diesen regelrechten Sklavenkriegen war der Aufstand des Spartacus (73–71) sicherlich der gefährlichste. Er führte den Römern drastisch die Gefahr vor Augen, die sich aus der Massenversklavung und rücksichtslosen Ausbeutung frei geborener Männer ergeben konnte. Nach der Niederlage des Spartacus wurden die Besiegten zu Tausenden entlang der Via Appia zwischen Capua und Rom gekreuzigt. Dauer und Ausbreitung des Aufstandes sowie die zunächst großen Erfolge des Spartacus über römische Heere lassen erkennen, wieviel Unzufriedenheit nicht nur unter den Sklaven, sondern auch in der ärmeren Bevölkerung Italiens herrschte. Zudem lag der große italische Bundesgenossenkrieg 91–88 erst wenige Jahre zurück; Italien war bislang weder geeint noch befriedet. Zu den großen Leidtragenden dieser Zerrüttungen gehörten die Griechen Süditaliens und Siziliens, in deren Gebieten die Sklavenkriege ihren Schwerpunkt besaßen.

3.3 Kleinasien

Das Land zwischen Ägäis und Euphrat bildete in hellenistischer Zeit keine Einheit. Zahlreiche griechische Stadtstaaten, mehrere Königtümer, einige wenige Bünde und der Westteil des Seleukidenreiches drängten und bedrängten sich auf dem Raum dieser großen Landbrücke zwischen Ost und West. Schon lange vor Alexander dem Großen war Kleinasien eine Berührungszone zwischen den Griechen und ihren östlichen Nachbarn gewesen. Die hellenisch besiedelten Küstengebiete, vor allem Westkleinasien, waren natürlich seit alters auf die Ägäis und das griechische Mutterland ausgerichtet. Östliche und nordöstliche Landschaften hingegen wie Kappadokien und Pontos waren stark iranisiert. Das Reich der Achämeniden hatte seit den Tagen des

Reichsgründers Kyros' des Großen (regierte ca. 558–530) auch
Kleinasien unterworfen, das Land in Satrapien eingeteilt und
Statthaltern unterstellt, denen auch die Griechen der Küstengebiete zu gehorchen hatten. Der immer wieder aufflackernde
Widerstand der kleinasiatischen Griechen gegen die Herrschaft
der Perser zieht sich wie ein roter Faden durch die Geschichte
des 5. und 4. Jhs., bis die Eroberungen Alexanders des Großen das Reich der Achämeniden beseitigten. Die nördlichen
Gebiete Kleinasiens wurden vom Alexanderzug nicht berührt,
eine Großlandschaft wie Pontos dem Alexanderreich nicht an-
gegliedert.

Nach dem Tod Alexanders und im Laufe der Diadochenkämpfe entwickelten sich die verschiedenen Regionen Kleinasiens zu Monarchien, deren Herrscher versuchten, sich von der
seleukidischen Vormacht zu befreien, ihre Territorien zu konsolidieren und nicht selten auszuweiten. Diese neuen Könige waren in der Regel bestrebt, ihre Reiche weitgehend, dem Erfolgs-
trend der Zeit entsprechend, im Stile hellenistischer Monarchien
zu organisieren. Im Gegensatz zu den Seleukiden und Ptolemäern waren die kleinasiatischen Monarchen jedoch keine makedonischen Fremdherrscher, sondern meist Einheimische oder
Iraner, die nicht ohne Stolz auf ihre Traditionen zurückblickten
und sich gegebenenfalls ihrer Verwandtschaft mit den Achämeniden rühmten. Aus einem solchen Geschlecht stammte auch
der pontische König Mithradates VI. Eupator, der im Kampfe
gegen die Römer selbstbewußt darauf verwies, daß er von achämenidischen und seleukidischen Vorfahren abstamme. Unter
den Monarchien des westlichen Kleinasien, die sich im Laufe
des 3. Jhs. von den Seleukiden emanzipierten, spielte das Perga-
menische Reich der Attaliden die größte Rolle. Das etwa 30 km
von der Küste gelegene Pergamon wurde zu einer typisch hellenistischen Residenz ausgebaut, in der griechische Stadtarchitek-
tur und monarchische Repräsentation miteinander verschmolzen. Eine besondere Note erhielt die Stadt durch berühmte
Denkmäler wie den Pergamonaltar und die Gallierstatuen. Sie
sollten, ganz im Sinne griechischer Geschichtsdeutung, die Siege
der Attaliden über die in Kleinasien eingefallenen Galater (Gal-

lier) mythisch überhöhen und die pergamenischen Herrscher als Vorkämpfer gegen die Mächte der Unterwelt und die Barbaren herausstellen.

Einmal von Pergamon abgesehen umfaßte das Reich der Attaliden, zumal zur Zeit seiner größten Ausdehnung im 2. Jh., zahlreiche Griechenstädte, die zwar ihre lokale Selbstverwaltung behielten, ansonsten aber bei aller Respektierung ihrer stadtstaatlichen Traditionen letztlich der königlichen Hegemonie unterstellt waren. Im übrigen waren die Attaliden keine Städtegründer, sondern zogen ihren Gewinn aus dem wachsenden Landgebiet (*chora*), und hier insbesondere aus dem zu ihrem Hausgut gehörenden «Königsland», dessen Erträge (unter anderem Getreide, Textilien, Holz, Pech, Teer, auch Pergament) sie systematisch erschlossen. Daß der letzte Attalide sogar eine landwirtschaftliche Lehrschrift verfaßte, belegt das für den Hellenismus typische Interesse an einer geradezu modern anmutenden Optimierung der wirtschaftlichen Leistungsfähigkeit.

Von allen anderen Landschaften Kleinasiens unterschied sich die Westküste durch die Vielzahl griechischer Poleis, deren stadtstaatliche Tradition die Perserherrschaft überdauert hatte und in der hellenistischen Zeit weiterlebte. Diese Städte wurden von den rivalisierenden Königen heiß umworben und umkämpft. Nicht nur die benachbarten Seleukiden und Attaliden, sondern auch die Antigoniden Makedoniens und die Ptolemäer aus dem fernen Ägypten versuchten, in den griechischen Küstenstädten Fuß zu fassen und ihre Präsenz in der Ägäis zu sichern. Dieser Wettstreit steigerte sich häufig zu militärischen Konflikten, unter denen die Städte sehr zu leiden hatten. Zugleich nutzten letztere diese Konkurrenz, um soweit wie möglich ihre städtische Autonomie und ihren politischen Spielraum zu wahren. Die Beziehungen zwischen Stadt und Herrscher können rechtlich nicht allgemein gültig fixiert werden, denn sie unterlagen einem breiten Spektrum wechselnder Voraussetzungen und Interessen. Grundsätzlich verfügten die Monarchen über die größere Macht, aber sie bemühten sich meist, das Selbstwertgefühl der griechischen Poleis zu respektieren und sich deren Loyalität durch wohlwollende Behandlung zu erhal-

ten. Denn bei gewalttätigen Übergriffen bestand die Gefahr, daß
sich die Städte anderen Herrschern zuwandten oder, ab dem
2. Jh., die Römer zu Hilfe riefen, was in der Tat dann auch häufig geschehen ist.

Doch wer einen wirklichen Eindruck von der Vielfalt und Dy-
namik städtischen Lebens gewinnen will, sollte es nicht bei
einem Blick auf den Komplex der Herrschaftsbeziehungen be-
wenden lassen. Zahlreiche Ehreninschriften für verdiente Bürger lassen in großer Anschaulichkeit erkennen, welche Themen
damals politisch, sozial und wirtschaftlich relevant waren. Das
im folgenden zur Sprache kommende, ziemlich typische Beispiel
führt uns in die Griechenstadt Sestos auf der europäischen Seite
des Hellesponts (Dardanellen) und in die Umbruchzeit nach
dem Tod des letzten pergamenischen Herrschers (133). Der Text
dieser griechischen Inschrift ist deswegen so instruktiv, weil er
die vergangenen und gegenwärtigen Verdienste des Geehrten,
Menas, Bürger von Sestos, in großer Ausführlichkeit aufzählt
(Krauss 1980, Nr. 1): «Da Menas, Sohn des Menes, von frühe-
ster Jugend an es für das Schönste hielt, sich der Vaterstadt nütz-
lich zu erweisen, scheute er keinerlei Aufwand noch Kosten und
ging keiner Mühe und Gefahr aus dem Weg. Auch auf die Min-
derung seines Privatvermögens, die jene trifft, die Gesandtschaften für die Stadt auf sich nehmen, nahm er keine Rücksicht, sondern hielt das alles für zweitrangig. An die erste Stelle setzte er
vielmehr echten Bürgersinn und Aufopferung für die Vaterstadt,
weil er dem Volke stets durch eigenen Einsatz Nutzen verschaffen, sich selbst jedoch und seinen Nachkommen durch die ihm
von der Volksmenge entgegengebrachte Dankbarkeit unver-
gänglichen Ruhm erwerben wollte.» Der über hundert Zeilen
lange Text fährt nun fort mit der Erwähnung der Gesandtschaften, die Menas zu den Attaliden und nach deren Ende zu den römischen Feldherren unternommen hat. Wir erfahren, daß er
Priester des attalidischen Herrscherkultes war und sich in der Fi-
nanzverwaltung seiner Vaterstadt, besonders jedoch für die militärische Ausbildung (daneben auch für die geistige Erziehung)
der jungen Männer im Gymnasium einsetzte, was um so wichtiger war, als die Stadt wiederholt unter den Einfällen der Thraker

zu leiden hatte. Man ahnt an dieser Stelle, was es für eine exponierte Polis wie Sestos bedeutete, den «Barbaren» des Hinterlandes ohne mächtige Protektoren, seien es die Attaliden oder die Römer, ausgesetzt zu sein. Die von Menas im Auftrag der Stadt, aber auf eigene Kosten unternommenen Gesandtschaften hatten zum Ziel, in diesen unruhigen Zeiten den Anliegen von Sestos Gehör zu verschaffen. Wenngleich viele aufschlußreiche Einzelheiten der Inschrift hier nicht besprochen werden können, so vermittelt doch dieses Kurzreferat gewissermaßen im Originalton der Zeitgenossen einen Eindruck von der immer noch höchst lebendigen Tradition städtischen Eigenlebens und von den vielfältigen Anforderungen an die führenden Bürger griechischer Städte.

Traten die Thraker auf der europäischen Seite der Dardanellen und des Bosporos als bedrohliche Nachbarn der Griechenstädte auf, so hatten die thrakischen Dynasten Bithyniens im nordwestlichen Kleinasien sich zu hellenistischen Königen gewandelt, die sich gerade auch in Griechenland als Philhellenen zu profilieren suchten. Die Geschichte des Königreiches Bithynien an der gefährlichen Nahtstelle zwischen Europa und Asien ist durch zahlreiche dynastische und äußere Konflikte, besonders mit dem benachbarten Pergamenischen Reich, gekennzeichnet. Im Kontext der Mithradatischen Kriege hat Bithynien als selbständiger Staat nicht überlebt. Sein letzter Herrscher Nikomedes IV. vererbte das Land den Römern; zusammen mit dem ehemaligen Königreich Pontos wurde es 63/62 durch Pompeius in die Doppelprovinz *Bithynia et Pontus* umgewandelt.

Nicht minder bewegt ist die Geschichte Galatiens (um Ankyra/heute Ankara, Pessinus und Gordion). Hier handelt es sich einmal nicht um den unmittelbaren Nachfolgestaat einer ehemals persischen Satrapie, noch um ein hellenistisches Königreich, sondern um ein Gebiet, das seinen Namen von den Galatern (Galliern) erhalten hatte, die 279 auf den Balkan und von dort nach Kleinasein vorgedrungen waren. Nur mit Mühe konnten die wandernden Stämme der Gallier an feste Wohnsitze im Innern Kleinasiens gebunden werden. Durch ihre Streifzüge wurden sie zum Schrecken der benachbarten Königreiche, deren

Herrscher sich andererseits und je nach Interessenlage jedoch nicht scheuten, galatische Söldner anzuwerben und in den Kämpfen gegen konkurrierende Könige einzusetzen. Ihre Stammesverfassung haben die Galater bis ins 1. Jh. beibehalten. Erst unter dem Druck der Umstände, vor allem infolge der Mithradatischen Kriege, setzte sich auch bei den Galatern ein Königtum hellenistischer Prägung durch. Als Herrenschicht stand der galatische Adel nicht nur an der Spitze der eigenen Stämme, sondern dominierte auch die einheimische phrygische Bevölkerung, in deren Gebiet sich die Galater niedergelassen hatten. Im Laufe des 2. Jhs. wuchs deren Annäherung an die phrygische und hellenistische Kultur ihrer Umwelt bis hin zu der Übernahme von Priesterämtern in den altehrwürdigen Heiligtümern Phrygiens, besonders im Tempel der Großen Göttermutter Kybele in Pessinus. In der nicht immer wohlwollenden Bezeichnung *Gallograeci* («Gallogriechen») kommt die Vermischung der Galater mit der Kultur und den Bewohnern des Landes zum Ausdruck.

In den östlich und nordöstlich benachbarten Großlandschaften Kappadokien und Pontos herrschten Nachkommen iranischer Satrapendynastien, die sich im 3. Jh. von den Seleukiden emanzipiert und eigene Königshäuser geschaffen hatten. Kappadokien war nur schwach hellenisiert, wohingegen Pontos an der nördlichen Schwarzmeerküste ab dem 2. Jh. über einen Kranz griechischer Städte (Sinope, Amisos, Trapezus) verfügte. Das gebirgige, durch einheimische Dorfkulturen geprägte Hinterland dagegen war nur wenig von hellenischem Einfluß berührt. Hier jedoch lag der große Reichtum des Landes: beträchtliche Vorkommen von Eisen, Kupfer und Silber, daneben Holz aus den weiten Wäldern und beträchtliche Viehbestände. Die sehr gemischte Bevölkerung verehrte vorwiegend indigene und iranische Gottheiten, darunter Ahuramazda. Zugleich waren die großen Tempel Zentren von Produktion, Handel und Gewerbe. Eine Vorstellung von der erheblichen Wirtschaftskraft dieser Heiligtümer vermittelt die Zahl von 6000 Hörigen, die dem Tempel von Komana als Tempeldiener (Hierodulen) unterstanden.

Der Reichtum des Hinterlandes und die Verfügung über die

griechischen Küstenstädte mit ihren Flotten ermöglichten den pontischen Herrschern im 2. Jh. eine zunehmend aktive und expansive Politik sowohl in Kleinasien selbst als auch an der Nordküste des Schwarzen Meeres. Der Versuch Mithradates' VI., Anfang des 1. Jhs. eine führende Stellung in Kleinasien aufzubauen, stieß auf den Widerstand seiner Nachbarn und schließlich der Römer. Daraus folgte, wie früher schon geschildert, eine Kette von Kriegen, an deren Ende nicht nur der Untergang des Mithradates (63), sondern die Ausweitung der römischen Herrschaft über ganz Kleinasien und den Vorderen Orient stand.

3.4 Der Schwarzmeerraum

Nicht nur an der Süd-, sondern auch an der West- und Nordküste des Schwarzen Meeres (*Pontos Euxeinos*) hatten sich griechische Kolonisten seit dem 7. Jh. niedergelassen. Von den Dardanellen bis zur Donau war das Hinterland durch Thraker, von der Donau bis zu den nördlichen Ausläufern des Kaukasus durch Skythen und verwandte Steppenvölker besiedelt. Thraker und Skythen waren mächtige Völkerschaften, mit denen die griechischen Küstenstädte in engster und oft sehr gefährlicher Nachbarschaft lebten. Anders als die Perser hatten Thraker und Skythen nur selten stabile «staatliche» Organisationen geschaffen, auf die sich die Griechen hätten dauerhaft einstellen können. Vor den Überfällen der Reiterkrieger aus dem Hinterland konnten sich die Poleis oft nur durch Tributzahlungen schützen. An eine Hellenisierung der skythischen Steppe, vergleichbar etwa der Durchdringung der einheimischen Hochkulturen Kleinasiens, des Nahen Ostens und Ägyptens mit griechischer Sprache, Schrift und Kultur, war überhaupt nicht zu denken. Die stolzen, freien Lebensformen der nomadisierenden Stämme Osteuropas waren mit den Zwängen und Einschränkungen des städtischen Lebens nicht zu verschmelzen. Trotz der ein volles Jahrtausend währenden Symbiose von Griechen und Steppenvölkern im nördlichen Schwarzmeerraum hat sich die griechische Schriftkultur im Hinterland nicht durchsetzen können. Erst die Christianisierung und damit der Sieg einer Buch-

Abb. 8: Amphore aus einem skythischen Hügelgrab in Čertomlyk (Ukraine), (spätes) 4. Jh. (St. Petersburg, Ermitage). Das 70 cm hohe vergoldete Gefäß aus Silber zeigt auf der Schauseite der Gefäßwandung Pflanzenmuster, Vogelfiguren und Ausgüsse in Form eines geflügelten Seepferds und von zwei Löwenköpfen. Im oberen Teil der Gefäßschulter ist eine Tierkampfszene mit Hirsch und Greifen dargestellt, darunter Skythen bei der Vorbereitung eines Pferdeopfers oder, nach einer anderen Theorie, bei der Zähmung ihrer Pferde. Die Skythen sind durch langes Haar, Kaftan, Hosen, kurze Stiefel und in einigen Fällen durch einen Bogenkasten gekennzeichnet. Hier hat ein Meister griechische Kunst mit Motiven aus der Welt der Reiternomaden verbunden, ohne jede Abwertung der Barbaren, sondern mit tiefem Verständnis für deren Leben und Kultur. Vgl. im einzelnen Alekseev, Murzin, Rolle.

religion hat die griechische Schrift in der Form des kyrillischen Alphabets in Osteuropa verbreitet. Die offenbar ganz bewußte Ablehnung der Schrift durch die Reitervölker sollte allerdings keine generellen Zweifel an deren Kulturfähigkeit hervorrufen. In der Kunst, besonders in dem für sie charakteristischen Tierstil, haben diese Völker Bedeutendes geschaffen. Aus ihrer Begegnung mit den Griechen sind besonders im 5.–3. Jh. die unvergleichlichen Zeugnisse der «skythischen Kunst» hervorgegangen (Abb. 8).

Da sich die Aufmerksamkeit der am Altertum interessierten Forscher und Leser zumeist auf den Mittelmeerraum im engeren Sinne konzentriert, war es wohl richtig, ein wenig weiter auszuholen, um die Bedeutung des Schwarzmeerraumes zumindest anzudeuten. Denn dieser Raum gehörte durchaus zum Blickfeld und Operationsgebiet hellenistischer Könige. Schon Philipp und sein Sohn Alexander hatten mit Erfolg die makedonische Herrschaft in Thrakien durchgesetzt. Der von Alexanders Strategen Zopyrion unternommene Versuch, gegen die Skythen und die Griechenstadt Olbia über die Donau hinaus bis zum Borysthenes (heute Dnjepr) vorzudringen, endete jedoch mit einem Desaster. Alexanders frühes Ende und die Diadochenkämpfe haben es auch danach nicht mehr zu einer Eroberung oder Unterwerfung des nördlichen Schwarzmeerraumes kommen lassen. Thrakien hingegen wurde durch die Keltenzüge des 3. Jhs. und die Kriege der hellenistischen Könige regelrecht zerrissen. Schließlich kamen 129 die thrakische Chersones und Westthrakien zur römischen Provinz *Macedonia*, während im Kerngebiet einheimische, oft konkurrierende Dynasten (Thraker, Geten, Daker, Skythen) sich im 2. und 1. Jh. noch behaupten konnten, zunehmend jedoch unter die Vorherrschaft der Römer gerieten, bis diese schließlich 46 n. Chr. der Eigenstaatlichkeit dieser Gebiete ein Ende machten und die Provinz *Thracia* einrichteten. Die Griechenstädte der westlichen Schwarzmeerküste (unter anderem Apollonia, Kallatis, Tomoi, Istros), die sich mit unterschiedlichem Erfolg und wechselnden Allianzen gegen Thraker und hellenistische Könige zur Wehr gesetzt hatten, gelangten ab dem 1. Jh. ebenfalls unter römische

Herrschaft, bewahrten jedoch noch wesentliche Elemente ihrer Polisverfassung.

Im nördlichen Schwarzmeerraum hatten sich die Griechen an den Mündungen der großen Flüsse und an günstigen Hafenplätzen niedergelassen: Tyras am gleichnamigen Fluß (heute Dnjestr), Olbia am Mündungssee von Dnjepr und Bug, Chersonesos (heute Sewastopol) in der südwestlichen Krim, mehrere Städte am Kimmerischen Bosporos (heute Straße von Kertsch) und Tanais an der Mündung des Don in das Asowsche Meer. Durch den Export von Getreide, Fisch und Sklaven in die mittelmeerischen Gebiete, gerade auch nach Athen, hatten sich diese Städte beträchtlichen Wohlstand erworben. Olbia und Chersonesos waren typische griechische Stadtstaaten, deren Verfassung und Geschichte durch eine Reihe gut erhaltener Inschriften schlaglichtartig beleuchtet werden. Beide Poleis waren demokratisch verfaßt, doch infolge innerer Spannungen und äußeren Drucks (Skythen und Sarmaten) oft gefährdet. In den großen Landgebieten dieser Poleis lebte und arbeitete eine aus einheimischen und griechischen Siedlern gemischte Bevölkerung, häufig minderen Rechts. Ein ganz anderes Bild bot die politische Struktur des Bosporanischen Reiches, das sich an den beiden Ufern des Kimmerischen Bosporos erstreckte. Hier herrschte in der Residenz Pantikapaion (heute Kertsch) schon seit dem 5. Jh. das Geschlecht der thrakischen Spartokiden über eine Reihe von Griechenstädten und indigenen, iranisch geprägten Stammesgebieten (unter anderem Sinder, Maioten). Die enge Verbindung hellenischer und einheimischer Kulturen gehörte zu den Charakteristika des Bosporanischen Reiches, wobei jedoch auch hier die Hellenisierung der indigenen Oberschicht deutlich zu beobachten ist.

Seit dem 3. Jh. gerieten sowohl das Bosporanische Reich als auch Chersonesos und Olbia zunehmend unter den Druck der Skythen, die ihrerseits durch die aus dem Osten einwandernden Sarmaten bedrängt wurden. Als sich Chersonesos dieses Druckes nicht mehr aus eigener Kraft erwehren konnte, wandte es sich um 113 an Mithradates VI. von Pontos, der auf diese Weise zunächst das Protektorat über Chersonesos und gleich darauf auch über das Bosporanische Reich gewann. Die weiteren militärischen Erfolge des Mithradates brachten ihm die führende Stellung im Schwarzmeerraum ein. Ganz gezielt stützte er sich sowohl auf Griechen als auch auf Skythen und andere einheimische Völkerschaften, die er im großen Umfang in den Kriegen gegen Rom aufbot. Sein Untergang 63 eröffnete den Römern den Weg zur Beherrschung des Schwarzen Meeres, ein Vorgang, der durch römische Bürgerkriege und regionale Konflikte retardiert, aber nicht mehr umgekehrt werden konnte. Tyras und Olbia wurden im Laufe der Zeit der Provinz *Moesia inferior* zugeordnet, Chersonesos von dort aus mit Garnisonen belegt, während das Bosporanische Reich unter romtreuen Klientelkönigen seine Eigenstaatlichkeit bis in die Spätantike bewahren konnte. Rom protegierte und förderte diese Städte und Staaten, erwartete jedoch von ihnen, daß sie das Vorfeld des Limes schützten und sich in der Abwehr der aus dem Osten andrängenden «Barbaren» engagierten.

3.5 Das Seleukidenreich

In seiner geographischen Konfiguration und als Vielvölkerstaat entsprach das Reich der Seleukiden mehr als jeder andere Diadochenstaat dem Alexander- und dem Perserreich. Zur Zeit seiner größten Ausdehnung erstreckte es sich von Kleinasien bis zum Hindukusch und Zentralasien (Baktrien und Sogdien). Der Griff über den Hellespont und der Versuch Antiochos' III., alte seleukidische Ansprüche auf der europäischen Seite (Thrakien) geltend zu machen, führte 192 zu dem verhängnisvollen Konflikt mit Rom. Das Reich unterlag seit dem Tode des Dynastiegründers Seleukos I. 281 einem ständigen Erosionsprozeß, den energische Könige wie Antiochos III. nur kurzfristig aufzuhalten vermochten. Im Westen des Reiches expandierten vor allem Staaten wie Rhodos und Pergamon auf Kosten der Seleukiden. Von dem Abdriften und Eigenleben der östlichen Reichsteile jenseits Mesopotamiens («Obere Satrapien») war schon die Rede, ebenso von der Ausbreitung der Parther in den Kerngebieten des Reiches seit der Mitte des 2. Jhs. Spannungen und nicht sel-

ten regelrechte Kriege zwischen diversen seleukidischen Thron-
prätendenten waren ein weiterer Grund für den Zerfall des Staates. Dennoch hat gerade das Seleukidenreich Wesentliches für
die Hellenisierung des Orients geleistet. Griechisch wurde die
gemeinsame Sprache von Politik und Verwaltung in diesem Rie-
senterritorium, ohne das Aramäische, eine semitische Sprache,
die im Perserreich die Verkehrssprache gewesen war, verdrän-
gen zu wollen oder zu können.

Angesichts so vieler und so starker auseinanderstrebender
Kräfte muß man fragen, was und wer das Seleukidenreich bis zu
seinem Ende im Jahre 63 zusammenhielt. Die Klammer des
Ganzen war die Monarchie, wie schon zu Zeiten des Perserreiches, von dessen eingefahrenen Organisationsformen die Seleukiden profitieren konnten. Die Voraussetzung für den Erfolg der
neuen Herren war ein ausgewogenes Verhältnis zwischen zentralen und regionalen Institutionen und Interessen. Zu den er-
steren gehörten die «Freunde» (*philoi*) des Königs. Da der hellenistische Staat keine Sache des Volkes (*res populi, res publica*),
sondern auch offiziell als «Angelegenheit» (*pragmata*, Plural)
des Königs bezeichnet wurde, nahmen die engsten Mitarbeiter
des Königs am Hofe, in der Verwaltung und im Heer eine
Schlüsselstellung ein. Durch die Ernennung zu «Freunden» an
seine Person gebunden, waren sie zu besonderer Loyalität verpflichtet. Diese Funktionselite bildete so etwas wie einen persönlichen Amtsadel, der sich generell jedoch nicht nach außen
abschloß und auch keinen erblichen Stand begründete. Die
«Freunde» waren aus der makedonischen Institution der «Gefährten» (*hetairoi*) des Königs hervorgegangen. Bis zu einem gewissen Grade öffnete sich der Kreis der «Freunde» auch den indigenen Eliten, speziell hochgestellten Babyloniern und Persern,
also Vertretern der mesopotamischen und östlichen Kernlande
des Seleukidenreiches. Führende Positionen, hohe Ehren sowie
Geschenke von Ländereien und Einkünften belohnten das Enga-
gement der «Freunde» und sollten sie dauerhaft an die Sache des
Königs binden.

Eine weitere Stütze der seleukidischen Zentrale bildeten makedonische und griechische Siedler, vor allem Militärkolonisten,

die über das ganze Reich verteilt waren. Während die neuge-
gründeten Städte und Militärkolonien im Osten des Reiches den
Seleukiden allmählich verloren gingen, bildeten sie im syrisch-
phoinizischen Raum das eigentliche Rückgrat des Staates. Städ-
tenamen wie Seleukeia, Antiocheia, Apameia, Laodikeia führen
in aller Deutlichkeit die Bindung an die Dynastie vor Augen.
Das gilt natürlich auch für die nach Angehörigen des seleukidischen Herrscherhauses benannten Städte in Mesopotamien, in
der Persis und den noch weiter östlich gelegenen Territorien.
Andere Namen hingegen wie Europos, Edessa, Pieria und Pella
in Syrien, Phoinizien und im Ostjordanland (Dekapolis) erinnern an vertraute Städte und Landschaften in der alten makedonischen Heimat, ähnlich den vielen Ortsnamen in den USA, die
von den europäischen Siedlern in ihre neue Heimat mitgenommen wurden.

Allein jedoch hätten ergebene «Freunde» und Truppen das
Reich mit all seinen partikularen und oft zentrifugalen Elementen nicht zusammenhalten können. Die Seleukiden standen
deshalb vor der schwierigen Aufgabe, die eigene Autorität
zu wahren und zugleich in differenzierter Weise auf die unterschiedlichen Interessen ihrer so vielfältigen Untertanenschaft
einzugehen. Dazu gehörten Griechenstädte und Territorien
selbstbewußter Dynasten, Tempelstaaten und Volksgruppen mit
eigenen weltlichen und religiösen Gesetzen, Feudalherren und
orientalische Städte mit alter urbaner Tradition. Im allgemeinen
haben die Seleukiden eine Politik des Ausgleichs betrieben, die
ihre Herrschaft nicht nur im zentralen syrisch-phoinizischen
Raum, sondern auch in Kleinasien sowie in Mesopotamien und
Persien längere Zeit sicherte. Wenn diese Gebiete letztlich verlorengingen, so zwar auch durch dynastische Konflikte und inneren Autoritätszerfall, vor allem jedoch durch Druck von außen
seitens der Römer im Westen und der Parther im Osten.

Ihre Einkünfte schöpften die Seleukiden aus den Steuern der
Städte, der Dynasten, der Tempelterritorien, der Satrapien
sowie aus den Abgaben der Pächter von Königsland. Durch
Steuererleichterungen für Städte, Stiftungen für Tempel und
ähnliche Vergünstigungen suchten die Könige sich der dank-

baren Loyalität ihrer Untertanen zu versichern. Reiche Einkünfte versprach der von den Seleukiden geförderte Handel zwischen Ost und West, denn die Weite ihres Reiches ermöglichte eine breite Produktpalette. Die phoinizischen und griechischen Küstenstädte boten ideale Ausgangspunkte, um die Waren des Ostens im Westen abzusetzen, aber gerade deshalb versuchten die Ptolemäer und andere Konkurrenten den Seleukiden genau diese Städte streitig zu machen. Förderung der Geldwirtschaft, Vereinheitlichung des Geldverkehrs sowie Kontrolle der Maße und Gewichte waren wichtige seleukidische Maßnahmen zur Belebung des Handels.

Für den Erfolg dieser Politik spricht der Aufstieg von Seleukeia am Tigris, das zum wichtigsten Sammelpunkt des Osthandels wurde und Babylon politisch wie auch wirtschaftlich als die führende Stadt in Mesopotamien ablöste. Hatte Seleukos I. Nikator durch die Gründung von Seleukeia dem Zweistromland seinen dynastischen Stempel aufgedrückt, so war er mit einer weiteren Gründung nicht minder erfolgreich: Antiocheia am Orontes im damaligen Syrien (heute Antakya in der Türkei), wichtigste seleukidische Residenz in unmittelbarer Meeresnähe. Dort lebte eine aus verschiedenen Ethnien und Kulturen bunt zusammengesetzte und hauptsächlich griechisch-sprechende Bevölkerung, an der auch die Juden beträchtlichen Anteil hatten. In diesen Kreisen entwickelte sich im 1. Jh. n. Chr. eine bedeutende judenchristliche Gemeinde, die sich für ihre Mission der griechischen Sprache bediente und sich der hellenisierten Welt in weit höherem Maße öffnete als die Gemeinde von Jerusalem.

Mustern wir die einzelnen Regionen des Seleukidenreiches, so sticht Kleinasien durch die Fülle seiner archäologischen und inschriftlichen Zeugnisse hervor. Besonders reich ist der epigraphische Ertrag für die Städte und Tempel Kleinasiens, hatten diese doch ein Interesse daran, die ihnen gewährten Vergünstigungen auf Steininschriften festzuhalten und bekannt zu machen. Was früher schon (S. 67 ff.) über das ambivalente Verhältnis von Stadt und Herrscher gesagt worden ist, trifft im allgemeinen auch auf die Seleukiden zu. Die Masse der Bevölkerung jedoch lebte auf dem Land, häufig mit einem geringeren Rechts-

status. Das gilt vor allem für die in starker Abhängigkeit gehal-
tene *laoi*, etwa Hörigen vergleichbar, die auf den Ländereien des
Königs, der Großgrundbesitzer, der Städte und Tempel arbeite-
ten. Diese Schicht trug die Hauptlast der ländlichen Produktion
und war in ihrer Bedrängnis besonders empfänglich für die sozi-
alrevolutionären Parolen des pergamenischen Thronprätenden-
ten Aristonikos (vgl. oben S. 48). Im übrigen lebten in den Griechenstädten und indigen geprägten Regionen Kleinasiens viele
Traditionen weiter, die sich bereits zur Zeit der persischen Herrschaft entwickelt hatten. Während sich aber unter der letzteren
die sprachliche und kulturelle Vielfalt der Völker Kleinasiens
hatte frei entfalten können, gewannen seit den Eroberungen
Alexanders und unter den Regierungen seiner Nachfolger griechische Sprache und Lebensformen den Status einer Leitkultur,
die zunächst von den führenden Schichten der Nicht-Griechen
übernommen wurde, im Laufe der Zeit jedoch zu einer umfas-
senderen und tiefergreifenden Hellenisierung führte. Ein wichtiger Grund dafür war sicher die große Zahl der kleinasiatischen
Städte, denn diese waren die wirkungsvollsten Träger der Hellenisierung. Ein weiterer Faktor war wohl die im Vergleich etwa
zu Ägypten fehlende kulturelle und sprachliche Homogenität
der einheimischen Völkerschaften Kleinasiens. Dieses «Defizit»
dürfte den Erfolg des Griechischen als Verkehrssprache sehr be-
günstigt haben.

An diesem Punkt wird deutlich, daß die Vielfalt der im Seleukidenreich zusammengefaßten Völker und Regionen nicht nur
von Nachteil für die Herrschenden gewesen sein muß. Angesichts einer solchen Heterogenität hatte die Zentrale die Chance
der Steuerung und des Ausgleichs. In Mesopotamien etwa, das
neben der syrisch-phoinizischen Kernlandschaft und bis zur
Mitte des 2. Jhs. eine der Stützen der seleukidischen Herrschaft
darstellte, läßt sich beobachten, daß zwar die Hellenisierung
durch die Gründung und Privilegierung von Seleukeia am Tigris
einen mächtigen Schub erhielt, zugleich jedoch die einheimischen Eliten in führenden Positionen blieben und am seleukidischen Regiment beteiligt wurden. Daneben spricht die Förderung der alten Kulte Mesopotamiens für das Bemühen der

Seleukiden, auch die einflußreiche Priesterschaft für ihre Sache zu gewinnen. Daß die Beziehungen, gerade in Zeiten äußerster finanzieller Belastung und unter staatlichem Druck auf die Tempelvermögen, auch einmal ins Negative umschlagen konnten, zeigt das Beispiel Antiochos' III., der 187 bei der Plünderung eines Bêltempels bei Susa den Tod fand.

Eine ausgesprochene Konfliktzone war das zwischen Seleukiden und Ptolemäern in vielen «Syrischen Kriegen» umstrittene Gebiet entlang der syrisch-phoinizischen Küste etwa von Gaza im Süden bis zu den nördlichen Ausläufern des Libanons. Nach etwa 100jähriger Zugehörigkeit zum Ptolemäerreich (301–200), kam es durch die Schlacht am Paneion 200 unter die Herrschaft der Seleukiden. Dieses Gebiet umfaßte nicht nur die großen phoinizischen Handelsstädte Sidon und Tyros, sondern auch die kleine Nation (*ethnos*) der Juden, die den Hohenpriestern des Jerusalemer Tempels unterstand. Für die Juden war die Perserherrschaft sehr erträglich gewesen, doch unter den Diadochen gerieten sie in eine gefährliche Grenzlage zwischen Seleukiden und Ptolemäern. Die ein Jahrhundert währende Zugehörigkeit zum Ptolemäerreich hatte enge Verbindungen zwischen dem jüdischen Gebiet und Ägypten geschaffen. Zehntausende Juden waren als Auswanderer, teils auch als Kriegsgefangene, nach Ägypten gelangt und hatten sich zu einem beträchtlichen Teil in Alexandreia niedergelassen. Nachdem Antiochos III. 200 das jüdische Gebiet erobert hatte, trat für die Juden die seleukidische Kapitale Antiocheia am Orontes an die Stelle Alexandreias. Es liegt auf der Hand, daß die Juden trotz der eifersüchtigen Wahrung ihrer Gesetze und Religion in den Sog des Hellenismus geraten mußten. Ihr Gebiet befand sich genau zwischen zwei so bedeutenden Metropolen wie Alexandreia und Antiocheia, die ja geradezu wie Magneten hellenistischer Kultur wirkten. Und noch näher lagen die großen weltoffenen Hafenstädte der phoinizischen Küste. Wie andere urbane Eliten auch, die Anschluß an die hellenistischen Herrscher und an die griechische Kultur der Sieger gewinnen wollten, so hat sich auch ein großer Teil der Jerusalemer Aristokratie auf die Seleukiden, auf die hellenistische Herrschaftspraxis und auf typische Erscheinungsformen griechischen Lebensstils wie Gymnasium und Theater eingelassen.

In den Makkabäerbüchern hören wir, wie gesetzestreue Juden diese Vorgänge bewertet haben: «In jenen Tagen gingen aus Israel Menschen hervor, die gesetzeswidrig handelten. Sie überredeten viele mit ihrem Vorschlag: ,Wir wollen hingehen und mit den Völkern ringsum einen Bund schließen. Denn seitdem wir uns von ihnen absonderten, traf uns viel Unheil.' Einige aus dem Volk erklärten sich bereit, zum König zu gehen. Dieser gab ihnen die Vollmacht, die Rechtssatzungen der Völker (d. h. der Nichtjuden) einzuführen. Und sie erbauten ein Gymnasium in Jerusalem gemäß den Sitten der Völker.» (1 Makkabäer 1, 11–14). – Zur Diskussion steht also die Anpassung der Juden an die damals moderne Leitkultur der Griechen. Der König, von dem hier gesprochen wird, ist der Seleukide Antiochos IV. Epiphanes (regierte 175–164). Vielleicht wäre auch ohne sein Zutun der sich in Israel anbahnende Konflikt zwischen gesetzestreuen und hellenisierten Juden – heute würde man sie jeweils als orthodox und liberal bezeichnen – zum Ausbruch gekommen. Doch durch das von Antiochos IV. ausgesprochene Verbot des Jahwekults sowie die erzwungenen Opfer für Zeus, den obersten Gott des griechischen Pantheons, und für den lebenden König kam es zum offenen Kampf, in dem sich die Makkabäer (aus denen die Dynastie der Hasmonäer hervorging) als die Verteidiger des jüdischen Gesetzes und des Jerusalemer Tempels durchsetzten. Wir können hier nicht den weiteren Stationen dieser Auseinandersetzung folgen, in deren Verlauf interne Streitigkeiten sowohl der Seleukiden als auch der Hasmonäer zu wechselnden Koalitionen zwischen Vertretern der beiden Dynastien führten. Im Zuge dieser Entwicklung wurden auch die Hasmonäer zu hellenistisch geprägten Königen, die manches jüdische Gesetz mißachteten. Aber der Eifer für den Glauben war entfacht, der Hellenismus als Gefahr für Kult und Gesetz erkannt. Den durch die Makkabäer begonnenen Widerstand setzten im 1. Jh. und dann in römischer Zeit andere Gruppen fort (Pharisäer, Qumran-Essener, Zeloten), bis hin zum offenen Krieg gegen Rom, der 70 n. Chr. mit der Zerstörung Jerusalems endete.

3.6 Das Ptolemäerreich

Das Kernland der Ptolemäer war Ägypten, aber die Arena, in der sie sich mit ihren Rivalen maßen, war der östliche Mittelmeerraum. Mit einem Glacis hatten sie ihren Kernbesitz abgesichert: mit der Kyrenaika im Westen, Phoinizien im Nordosten, Zypern im Norden. Von dort griffen sie weiter aus, schufen sich Territorien an der Süd- und Westküste Kleinasiens, kämpften gegen die Antigoniden um Einfluß in Griechenland und der Ägäis. Die ptolemäische Handelsflotte hatte einen noch weiteren Radius: Sie zeigte Flagge sowohl im Schwarzen Meer als auch an den Küsten Siziliens und Italiens. Doch im 2. und 1. Jh. mußten die Ptolemäer Zug um Zug ihre auswärtigen Positionen räumen und wurden auf ihr Stammland Ägypten reduziert. Kleopatras (regierte 51–30) Versuch, die alte Großmachtstellung mit Hilfe des römischen Triumvirn Marcus Antonius wiederzugewinnen, endete 31/30 mit einer Katastrophe: dem Untergang der ptolemäischen Monarchie.

In den Grundsätzen der staatlichen, wirtschaftlichen und sozialen Ordnung stimmte das Ptolemäerreich mit den übrigen hellenistischen Monarchien weitgehend überein. Dennoch gab es bezeichnende Unterschiede; sie lagen an der Eigenart des Stammlandes Ägypten, auf das diese Grundsätze angewandt wurden. Sieht man einmal von den Außenbesitzungen ab, so verfügten die Ptolemäer mit Ägypten über ein Territorium von einer Geschlossenheit, wie sie in dieser Form kein anderer hellenistischer Staat aufzuweisen hatte. Das Land am Nil, durch Wüsten und Meer abgegrenzt und zumeist geschützt, war durch eine eigene uralte Kultur geformt, die dem politischen System, der Wirtschaft und der Gesellschaft unverwechselbare Züge verliehen hatte. Mit seinen beiden wichtigsten Städten, Memphis im Norden, Theben im Süden, war Ägypten ganz auf die Nilachse ausgerichtet. Die Hauptverkehrswege führten nilaufwärts ins Innere Afrikas und über den Sinai in den Nahen Osten. Zwar wiesen die vielen Flußarme des Nildeltas den Weg zum Mittelmeer. Doch im Gegensatz zu den Phoiniziern und den Griechen waren die Ägypter keine Seefahrer. Für sie war das

Meer eher eine Schranke, kein offenes Tor zur weiten Welt. Dafür kamen die Fremden zu ihnen, gerade auch die Griechen, die schon im 7. Jh. eine Niederlassung im Delta, Naukratis, angelegt hatten.

Mit der Gründung Alexandreias hatte Alexander der Große während seiner Ägyptenexpedition 332/31 die geopolitische Achse des Landes auf das Mittelmeer ausgerichtet. Mit der Verlegung seiner Residenz von Memphis nach Alexandreia vollzog Ptolemaios I. den nächsten Schritt und gab dem Land der Pharaonen eine griechische Hauptstadt, die als politisches Zentrum, als bevölkerungsreichste Metropole, als größter Wirtschafts- und Handelsplatz nicht nur alle anderen Städte des Mittelmeerraums, sondern zunächst einmal Memphis und Theben, die alten Hauptstädte Ägyptens, in den Schatten stellte. Zahllose Kolonisten strömten ins Land: Griechen, Makedonen, Thraker und nicht zuletzt Juden. Für diese bunte Menge war bzw. wurde Griechisch die Verkehrssprache. Zugleich war Griechisch die Sprache des Hofes, des Heeres, der Verwaltung. Wer in Ägypten etwas werden wollte, mußte die Sprache der neuen Herren lernen.

Nun war aber Ägypten nicht irgendein Barbarenland, sondern eine Hochkultur, deren Alter und Weisheit von den Griechen allgemein bewundert und schon von dem griechischen Historiker Herodot im 5. Jh. anschaulich dargestellt worden waren. Alexanders Respekt vor den Kulten Ägyptens und die von ihm propagierte Auffassung, er stamme vom ägyptischen Gott Ammon ab, belegen nicht nur die Reputation Ägyptens in der griechischen und makedonischen Welt, sondern schufen gleich von Beginn an ein Nahverhältnis zwischen makedonischen Eroberern und der ganz andersartigen Kultur des Nillandes, wie es sonst für «koloniale» Ausgangssituationen wenig üblich ist. Wie sehr das Bild Alexanders mit den für Griechen und Makedonen doch völlig fremden Vorstellungen des ägyptischen Tierkults verschmolzen wurde, zeigen die Münzen, die ihn mit den Hörnern seines widdergestaltigen göttlichen Vaters Ammon darstellen (Abb. 2). Die Ptolemäer haben diese Politik der Förderung ägyptischer Kulte fortgesetzt, genauso wie sie,

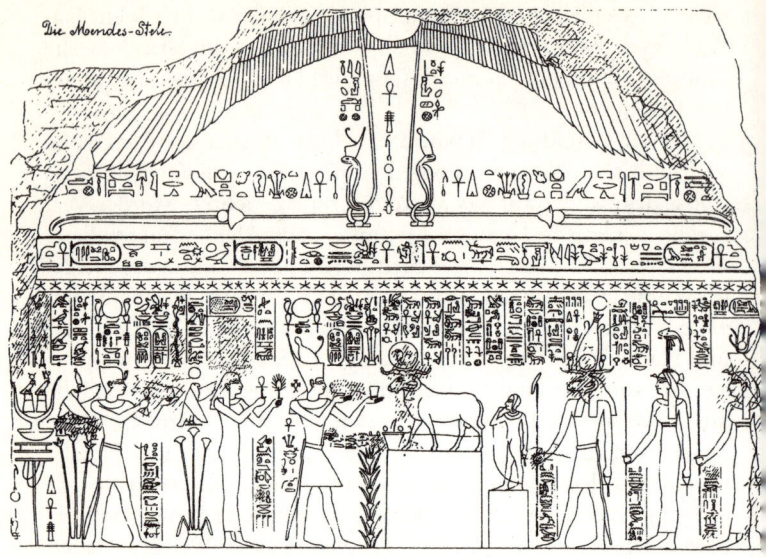

*Abb. 9: Oberteil der Mendes-Stele, Kalkstein, Gesamthöhe der Stele: 1,47 m
(Kairo, Ägyptisches Museum). Die obere Rundung wird von der geflügelten
Sonnenscheibe eingenommen, an beiden Seiten der Sonne hängt eine Schlan-
ge mit ägyptischer Krone. Darunter opfert, von links heranschreitend und
von Ptolemaios II. angeführt, die königliche Familie dem göttlichen Bock
von Mendes, der auf hohem Sockel thront. Dahinter folgen rechts weitere
ägyptische Gottheiten. Die Zusammensetzung der königlichen Familie, ihre
Opfersprüche und die Antworten der Götter werden in den darüber stehenden hieroglyphischen Inschriften im Einzelnen wiedergegeben. Vgl. ausführ-
lich dazu Roeder, S. 163–188.*

wiederum Alexander folgend, ihren ägyptischen Untertanen gegenüber als Pharaonen aufgetreten sind (Abb. 9).

Dennoch waren und blieben die Ptolemäer in erster Linie Makedonen: Ihr Hof, ihre Residenz Alexandreia sowie die Spitzen
ihres Heeres und ihrer Verwaltung waren ganz und gar makedo-
nisch-griechisch geprägt. Wie alle Eroberungen Alexanders und
der Diadochen galt auch Ägypten als «speergewonnenes Land»,
das der König als sein Eigentum betrachtete und verwaltete. Andererseits hatte er, wenn er das Erreichte nicht aufs Spiel setzen

wollte, mit den Gegebenheiten und Traditionen des eroberten Landes zu rechnen, und diese waren in Ägypten besonders stark ausgeprägt. Das lag zum einen an der Natur des Landes, das nahezu gänzlich auf den Nil reduziert war und dessen Existenz von der jährlichen Nilflut abhing: Die Schlammablagerungen des über die Ufer getretenen Flusses und die Weiterleitung des Wassers durch ein sorgfältig unterhaltenes System von Kanälen waren die Grundlage für den Anbau von Getreide, Obst und Gemüse. Alles andere, bis auf wenige Oasen und die fruchtbare Senke des Fayum (südlich von Memphis bzw. Kairo), war Wüste. Die lebenswichtige Organisation der Wasser- und Landwirtschaft Ägyptens hatte sich im Laufe von mehr als zwei Jahrtausenden herausgebildet. In diese Tradition traten die Ptolemäer ein. Nicht nur als makedonische Eroberer, sondern auch als Nachfolger der Pharaonen waren sie die monarchischen Herren des ganzen Landes. Ihr Problem und ihre Chance bestanden darin, das gut eingefahrene System der ägyptischen Verwaltung mit den Grundsätzen der griechischen Ökonomie zu verbinden.

Im trockenen Wüstensand haben sich Zehntausende Papyri (d. h. aus der Papyruspflanze gewonnene Papiere) erhalten, die uns vielfältigste Informationen über den Alltag des ptolemäischen und römischen Ägypten liefern, wie sie in solcher Fülle für kein anderes Gebiet der antiken Welt zur Verfügung stehen. Aus diesen meist griechisch geschriebenen Texten treten auch die vielen großen und kleinen Züge der Verwaltung detailreich hervor. Die alte Einteilung des Landes in ca. 40 «Gaue» (*nomoi*) wurde von den Ptolemäern beibehalten. Diese entlang des Nils aufgereihten Bezirke mit ihren jeweiligen Zentralorten, den sogenannten Gaumetropolen, bildeten die traditionellen Lebensmittelpunkte der Bevölkerung in allen administrativen, wirtschaftlichen und religiösen Belangen. Ihre Administration lag zunächst in den Händen griechischer Spitzenfunktionäre, in erster Linie der «Gaustrategen», und zahlreicher, meist ägyptischer «Beamter». Griechische Städte gab es nur wenige: das alte Naukratis, Alexandreia und Ptolemais, eine Neugründung Ptolemaios' I. im südlichen Ägypten. Ansonsten waren Griechen und Makedonen als Soldaten und Kolonisten über das ganze

Land verteilt, mit einer Konzentration in den neu erschlossenen Siedlungsgebieten des Fayum.

Angesichts der dünnen Erobererschicht kam vieles auf die Kooperation der einheimischen Bevölkerung an. Spätestens seit ihrer Zugehörigkeit zum Perserreich von 525 bis 332 war letztere an fremde Herren gewöhnt, aber mehrere Aufstände gegen die Achämeniden hatten gezeigt, daß die Ägypter sich doch nicht alles gefallen ließen. Der Widerstand berief sich auf die große Vergangenheit des Landes und auf den Willen seiner Götter. Deshalb mußte den Ptolemäern daran gelegen sein, die einheimische Priesterschaft für das neue Regiment zu gewinnen. Als Hüter ägyptischer Tradition, als Verwalter großer und wohlhabender Tempel, als einflußreiche geistige Elite war diese Priesterschaft ein sehr ernstzunehmender Faktor. Ohne auf ihre grundsätzlichen Herrschaftsrechte auch über die Tempel zu verzichten, haben die Ptolemäer (als Pharaonen waren sie ohnehin die höchsten Priester und Vertreter des Volkes vor den Göttern Ägyptens) den Konsens mit dem einheimischen Klerus gesucht sowie die Tempel durch Stiftungen und ganz erhebliche Baumaßnahmen gefördert. Insofern spielten die ägyptischen Priester neben den «Freunden» und Truppen des Königs eine maßgebliche Rolle als Stützen der Regierung. Wenngleich also Könige und Priester die meiste Zeit voneinander profitierten, so kam es doch in der einen oder anderen Region des öfteren zu gewalttätigen Konflikten, so vor allem zum großen Aufstand der Thebais (südliches Ägypten) in den Jahren 206 bis 186.

Anlässe und Gründe für solche Aufstände mögen vielfältig gewesen sein. Ein wichtiger Faktor war sicherlich die Absicht der Ptolemäer und ihrer Verwaltung, möglichst große Einkünfte aus der Arbeit der Bevölkerung herauszuholen – Einkünfte, die für den Hof, die Truppen im Lande, die Flotte im Mittelmeer und die finanzielle Unterstützung der Außenpolitik ausgegeben werden konnten. Die monarchische Tradition legte auch die Ptolemäer auf die Entfaltung von Pracht und Reichtum fest und auf eine Munifizenz, die in der Ausstattung des Hofes, in der Förderung der Künste und Wissenschaften, nicht zuletzt in Stiftungen für griechische Städte und Heiligtümer ihren öffentlichen Ausdruck finden mußte. Zur Erwirtschaftung der dafür notwendigen Mittel bedienten sich die Ptolemäer nicht nur der gut eingespielten ägyptischen Landesverwaltung, sondern auch des griechischen Systems der Steuerpacht. Die Steuerpächter traten mit der Zahlung der Abgaben und Steuern in Vorlage, überwiesen die entsprechenden Summen an die königliche Kasse und trieben danach erst von den Steuerpflichtigen mit Hilfe der örtlichen Verwaltung die einzelnen Beträge ein, wobei sie dann ihre Gewinne machten. Das System der Steuerpacht war auch sonst in den hellenistischen Staaten üblich, doch nirgends ist es, dank der Papyri, so gut bekannt wie in Ägypten. Leicht kann man sich vorstellen, daß die Steuerpächter bei der Bevölkerung höchst unbeliebt waren. Der von dem pontischen König Mithradates im Jahre 88 befohlene Massenmord an den Italikern Kleinasiens und vor allem die bereitwillige Ausführung dieses Befehls durch die Bevölkerung haben nicht wenig mit dem weitverbreiteten Haß auf die Steuerpächter, die sogenannten «Zöllner» (*publicani*) zu tun. In Judäa war es nicht anders, denn im Neuen Testament bilden «Zöllner und Sünder» ein geradezu unzertrennliches Begriffspaar. Daß auch in Ägypten das für die Einheimischen ungewohnte und «moderne» System der griechischen Steuerpacht Konflikte hervorrief, darf also nicht verwundern.

Zu den dunkelsten Kapiteln ptolemäischer Wirtschaftspolitik gehörte die Goldgewinnung in den Bergwerken der südägyptischen Grenzregion. Hier wurden nicht nur Kriminelle und Kriegsgefangene, sondern auch, wie ein antiker Gewährsmann (Diodor 3, 12–14) berichtet, zu Unrecht Verurteilte und beim König in Ungnade Gefallene zu Zehntausenden eingesetzt, zum Teil mit ihren Frauen und Kindern, die im Zuge der Sippenhaftung ebenfalls deportiert worden waren. Das Heer dieser Sträflinge wurde unter unmenschlichen Bedingungen zu wahrer Knochenarbeit angetrieben und rücksichtslos verschlissen. – Wer sich gerne von den glänzenden Fassaden ptolemäischer Paläste blenden läßt, sollte auch einmal zur Kenntnis nehmen, daß das Gold der makedonischen Pharaonen in regelrechten Zwangsarbeitslagern gewonnen wurde.

Trotz seiner unübersehbaren Schattenseiten hat sich das ptolemäische System nahezu dreihundert Jahre halten können, länger als die anderen großen Monarchien des Hellenismus. Sicher
lag das an der Leidensfähigkeit der Fellachen, aber auch daran,
daß die Eroberer allmählich mit ihrer neuen Heimat Ägypten
verschmolzen waren, nicht etwa im Sinne einer massenhaften
Bevölkerungsmischung (obgleich auch diese nicht gering zu veranschlagen ist), sondern eher durch ihre Bereitschaft, auf die
Lebensformen und Traditionen Ägyptens einzugehen. Auf halbem Wege oder noch weiter sind ihnen viele Ägypter entgegengekommen, vor allem diejenigen, die in der Verwaltung oder im
Heer aufgestiegen und zu Kulturgriechen geworden waren. Diese gegenseitige Anpassung vieler hat das Land letztlich stabilisiert. Für die Vielvölkermetropole Alexandreia sowie auch für
Ptolemais gelten diese Beobachtungen nur mit Einschränkungen, da in diesen Poleis die griechische Prägung deutlich dominierte. In den Gauhauptstädten jedoch läßt sich die gegenseitige
Durchdringung ägyptischer und griechischer Elemente gut beobachten. Rechtlich waren diese Gau-«Metropolen» zunächst
nur Dörfer (*komai*), doch im Laufe der Jahrhunderte entwickelten sie sich zu stark hellenisierten städtischen Regionalzentren,
so daß sie in römischer Zeit (Anfang 3. Jh. n. Chr.) Stadtrechte
erhielten.

3.7 Der hellenistische Staat

Charakteristisch für die Welt der hellenistischen Staaten war die
Vielfalt ihrer Erscheinungsformen in politischer, gesellschaftlicher und wirtschaftlicher Hinsicht. (Das Bild, das sich im Bereich von Kultur und Religion bot, soll im folgenden Kapitel
nachgezeichnet werden.) Lassen sich in dieser Vielfalt gemeinsame Züge erkennen und ordnen?

Aus den in den vorhergehenden Abschnitten skizzierten Einzelbildern hellenistischer Staaten tritt als Grundlage überall die
Monarchie deutlich hervor. Mit der Ausnahme Makedoniens
waren alle Gebiete «speergewonnen» und gehörten ihren Eroberern, d. h. Alexander und seinen Nachfolgern, allein aufgrund militärischer Überlegenheit. Der hellenistische Herrscher

verfügte über sein jeweiliges Territorium wie über ein Privat-
eigentum. Nach Gutdünken konnte er sein Reich teilen und ver-
erben. Eigene Rechte hatten Städte und Tempel nicht aufgrund
eines Anspruches, sondern weil sie ihnen vom König verliehen
oder restituiert worden waren. In der Praxis wurde die Umset-
zung dieser Prinzipien natürlich den jeweiligen Traditionen und
Interessen angepaßt. Wie hätte es auch anders sein sollen, da
doch der König seiner Herrschaft Akzeptanz und Dauer verschaffen wollte! Aus dieser absoluten, d. h. von allen grundsätzlichen Einschränkungen freien, Stellung des Herrschers folgte
auch, daß allein er es war, der Recht setzen konnte, wobei er
auch hier wiederum im eigenen Interesse den bestehenden Ge-
pflogenheiten und Erwartungen Rechnung trug.

Idealtypisch verwaltete der König sein Reich wie ein Haus-
vater sein Haus (*oikos*). Paternalistische Züge gehörten also
zum Bild des hellenistischen Monarchen. Von ihm wurde erwar-
tet, daß er seine Untertanen als Wohltäter (*euergetes*) behandelt
und vor Unheil bewahrt (*soter, conservator*). Ihren Ausdruck
fanden diese Vorstellungen im Herrscherideal, das wie ein Für-
stenspiegel den König auf bestimmte Pflichten und Verhaltens-
formen festzulegen suchte. Eine Steigerung und zugleich religiöse Absicherung erfuhr die Monarchie durch den Herrscherkult,
der einzelnen Königen zu Lebzeiten, aber auch ganzen Dynastien erwiesen wurde. Götter und Heroen konnten auf diese
Weise zu Vorbildern vergotteter Herrscher werden und mit
ihnen verschmelzen, wie dies etwa in der Bezeichnung mancher
Könige als «Neuer Dionysos» (*Neos Dionysos*) zum Ausdruck
kam.

Als siegreiche Eroberer in der Nachfolge Alexanders schufen
die Diadochen einen Neuanfang, der auch darin deutlich wurde,
daß sie sich sogar in alten Königreichen neue Residenzen schufen. Ptolemaios verließ das altehrwürdige Memphis und machte
das von Alexander dem Großen gegründete Alexandreia zu seiner Kapitale. Seleukos I. stellte Babylon zurück und gründete
Seleukeia am Tigris als eine seiner Residenzen und als neues
Zentrum Mesopotamiens. Über die Generation der Diadochen
hinaus blieb die Sieghaftigkeit der Könige eine ständig zu wah-

rende und gegebenenfalls durch Krieg zu erneuernde Legitima-
tion ihrer Herrschaft. Dies konnte nur mit einem starken Heer
gelingen, das sich in wechselnden Proportionen aus Makedonen, Griechen, Thrakern, Galatern, Indigenen und anderen zu-
sammensetzte. Diese Heere, zumal wenn sie, wie dies häufig der
Fall war, zahlreiche Söldner umfaßten, waren ausschließlich an
die Person des Monarchen gebunden. Da sie viel Geld kosteten,
wurde ein erheblicher Teil der staatlichen Einkünfte in sie inve-
stiert. Nicht immer floß dieses Geld durch Kriegsgewinn und
Beute zurück. In den Kriegen untereinander und gegen die Römer haben sich die hellenistischen Königreiche ruiniert. Das
Prinzip ihrer Existenz, der Speergewinn, hatte sich letztlich gegen sie selbst gerichtet. Denn entscheidend für den Untergang
der hellenistischen Staaten war nicht so sehr ihr innerer Zerfall.
Interne Konflikte, monarchischer Autoritätsverlust und Auflö-
sungserscheinungen sollen hier gewiß nicht verharmlost werden, doch tödlich für die hellenistischen Monarchien waren
diese Entwicklungen nur dann, wenn militärische Erfolge eines
weit überlegenen Gegners sie begleiteten und verstärkten. So
wurden schließlich die durch Krieg entstandenen hellenistischen
Reiche wiederum durch Krieg eliminiert. Sieg und Herrschaft
gehörten nun Rom. Doch das Ende der hellenistischen Monarchien bedeutete nicht das Ende der Monarchie als erfolgreicher
Staatsform, im Gegenteil. Es ist sehr bezeichnend, daß der
Untergang der hellenistischen Monarchie mit dem Untergang
der republikanischen Verfassung Roms einherging und den Beginn der römischen Kaiserzeit einleitete.

4. Kulturen und Religionen des Hellenismus

«Die Makedonen, die Alexandreia in Ägypten, die Seleukeia und Babylonien und andere über den Erdkreis verstreute Niederlassungen haben, sind zu Syrern, Parthern, Ägyptern entartet.» (Livius, *Ab urbe condita* 38, 17, 11).

«Bestehen und in rastlos weiter wachsenden Wellenkreisen sich steigernd bleibt nur das, was er (d. h. Alexander der Große), mit rücksichtslosem Idealismus wagend und schaffend, als Mittel und Stütze seines Werkes gewollt hat, die Verschmelzung des hellenischen Wesens mit dem der Völker Asiens, die Schaffung eines neuen west-östlichen Kulturlebens, die Einheit der geschichtlichen Welt in der hellenistischen Bildung.» (J. G. Droysen, Geschichte des Hellenismus, II, Nachdruck Darmstadt 1980 [Original 1877], S.443).

Die politische Geschichte des Hellenismus läßt sich relativ eindeutig mit zwei Eckdaten eingrenzen: dem Beginn der Regierung Alexanders des Großen 336 und dem Ende des letzten hellenistischen Großstaates, Ägypten, 30 v. Chr. Geistesgeschichtlichen Phänomenen dagegen ist mit derart präzisen Daten nicht beizukommen. Sie haben eine längere Genese und enden in der Regel nicht so abrupt wie ein politisches Regiment. Die für den Hellenismus so charakteristische Verbindung des Griechentums mit den indigenen Kulturen des Ostens hatte lange vor Alexander begonnen, vor allem an den Küsten Kleinasiens und des Schwarzen Meeres. Schon in der ersten Hälfte des 4. Jhs. hatte Maussolos, der Dynast Kariens im südwestlichen Kleinasien (regierte 377–353), damit begonnen, seinen Satrapensitz Halikarnaß zu einer griechischen Residenzstadt auszubauen und griechische Künstler an seinen Hof zu ziehen. In seinem Grabmal, dem Maussoleion, verbanden sich indigene und griechische Architektur und Skulptur zu einem derart imponierenden Ganzen, daß es zu den Sieben Weltwundern gerechnet wurde. Noch schwerer als der Anfang läßt sich das Ende des Hellenismus mit präzisen Daten fassen. Die hellenistische Kultur lebte nicht nur in den Ostprovinzen des Römerreiches, also auf dem Boden der alten hellenistischen Staaten, weiter, sondern strahlte auch auf den Westen des Reiches mit großer Intensität aus. Deshalb wird in diesem Kapitel der Faden des öfteren bis in die römische Kaiserzeit hinein verfolgt. Erst der Sieg des Christentums im 4. Jh. bezeichnete hier den Beginn einer neuen Epoche, nicht allein in geistesgeschichtlicher Hinsicht.

4.1 Die griechische Kultur

Wenn auch die Kultur des Hellenismus nicht an den Grenzen des Alexanderreiches Halt gemacht, sondern in Indien, im Schwarzmeerraum, in Sizilien und in Italien ihren Einfluß ausgeübt hat, so bildet doch der von Alexander und seinen Nachfolgern beherrschte Raum den engeren Rahmen für unser Thema. Aber auch dieser Rahmen ist noch weit genug und macht es schwer, die dort faßbaren kulturellen Entwicklungen von drei Jahrhunderten auf wenigen Seiten darzustellen. Prüfen wir das am Anfang dieses Kapitels zitierte wissenschaftliche Credo Droysens von der «Schaffung eines neuen west-östlichen Kulturlebens» und der «Einheit der geschichtlichen Welt in der hellenistischen Bildung», so werden wir zunächst jene kulturellen Phänomene zu fassen versuchen, die für die gesamte Epoche und alle Staaten des Hellenismus charakteristisch sind. Es ist gewissermaßen die Suche nach der Einheit in der Vielfalt vor allem der hellenistischen Welt, wobei die Vielfalt aus dem orientalischen Substrat hervorging, über das sich die griechische Kultur der Eroberer gelegt hatte. Denn dieses Substrat war keineswegs einheitlich, sondern bot sich den Makedonen und Griechen in der ganzen Fülle regionaler Traditionen und Identitäten, die im riesigen Reich der Perser zwar politisch zusammengefaßt, aber kulturell nicht unterdrückt worden waren. Erst der Vergleich mit dem Perserreich, das keine überwölbende Kultur durchgesetzt hatte, macht deutlich, wie viel tiefgreifender die Durchdringung des Ostens durch die Sprache und Kultur der Griechen gewesen ist. Nur der Islam der Araber sollte als Träger einer neuen Einheit noch erfolgreicher werden.

Wie die Muslime, aus der Randlage Arabiens hervorbrechend, im 7. und 8. Jh. die Gebiete zwischen Spanien und Indus eroberten, so unterwarfen die Makedonen Alexanders, aus der Peripherie Griechenlands vorstoßend, in noch kürzerer Zeit den ganzen Osten zwischen Ägäis und Zentralasien. Für die Zeitgenossen war der jähe Fall des Perserreiches ein unvorhersehbares Ereignis von ungeheurer Tragweite. Die Griechen erlebten unter Alexander und seinen Nachfolgern eine geradezu explosionsartige Erweiterung ihres Lebensraumes, die größte überhaupt in ihrer Geschichte. Die Kriege der Diadochen und Epigonen ließen weder sie noch die unterworfenen Völker längerfristig zur Ruhe kommen. Das Vordringen der Parther und der Römer setzte die Menschen in den hellenistischen Staaten weiter unter Druck, bis schließlich die Mithradatischen Kriege und die römischen Bürgerkriege des 1. Jhs. die griechischen Kerngebiete des Mutterlandes, der Ägäis und Kleinasiens in eine nahezu ununterbrochene Folge von Katastrophen rissen. Der Zug ins Weite, die Lösung der griechischen Auswanderer von ihren Heimatstädten, der materielle und soziale Aufstieg in den eroberten Gebieten gehörten ebenso zu den Charakteristika des Hellenismus wie das Erlebnis von Krieg und Elend in den mutterländischen Gebieten. Zu diesen widersprüchlichen Erfahrungen der Griechen kamen in den unterworfenen Gebieten diejenigen der östlichen Völker, deren Reaktionen die ganze Skala zwischen Widerstand und Anpassung einnahmen.

Fragen wir zunächst, wie sich die Kultur der Griechen unter diesen neuen Rahmenbedingungen entwickelt hat. Die Philosophie Platons und seines Schülers Aristoteles wurzelte ganz im Leben der Polis. Die beste Verfassung des Stadtstaates und die Erziehung des Bürgers waren zentrale Anliegen dieser Philosophen des 4. Jhs. Die von ihnen begründeten Schulen hatten ihren Sitz in Athen und pflegten ihre Tradition auch in der Zeit des Hellenismus. Ihr Einfluß auf die weitere Entwicklung der Philosophie und der Naturwissenschaften (namentlich durch Theophrast in der Schule des Aristoteles) ist nicht gering zu veranschlagen, doch größere Wirkung erzielten zwei philosophische Richtungen des 3. Jhs., die zwar auch ihren Sitz in Athen hatten, ansonsten aber neue Wege beschritten: die Lehre Epikurs und der Stoizismus Zenons. Bei allen Unterschieden war diesen beiden Lehren gemeinsam, daß ihr oberstes Ziel nicht der ideale Staat und die Erziehung des optimalen Polisbürgers war, sondern das Glück (*eudaimonia*) des Einzelnen. Die bestmögliche Lebensführung stand also auch hier im Vordergrund; insofern lebte in den Lehren Epikurs und Zenons noch der ethische Ansatz von Platons Lehrer Sokrates fort. Doch im Gegensatz zu diesen Vorgängern leugnete der Athener Epikur das Wirken der Götter und erklärte die Entstehung der Welt durch die Mechanik der Atome. Nach dem Tode löse sich der Mensch wiederum in Atome auf, ein Fortleben gebe es nicht. Die Angst vor Göttern, die Furcht vor einem Jenseits seien deshalb unbegründet. Der Mensch sei auf sich selbst verwiesen, und glücklich zu werden sei sein höchstes Ziel. Glück aber bedeute Lust. Jedoch denkt Epikur nicht nur und nicht einmal so sehr an die Sinnesgenüsse, sondern an die Freuden des Geistes. Glück bestehe in der Ruhe des Gemütes (*ataraxia*), in der Freiheit von Leidenschaften und Schmerzen (*apathia*). Von einem politisch aktiven und damit in hohem Maße störanfälligen Leben solle der Epikureer sich möglichst fernhalten und lieber den Umgang mit gleichgesinnten Freunden genießen. Epikurs Lehre eines kultivierten Lebensgenusses richtete sich natürlich nur an privilegierte Schichten, die sich ein solches Leben leisten konnten. In der vergröberten Form des Hedonismus mit seiner materiellen Sinnenbefriedigung hat der Einfluß Epikurs auch die Massen erreicht.

Die richtige Lebensführung war auch ein zentrales Thema der Lehre Zenons von Kition (Zypern). Dieser Philosoph wohl phoinizischer, also semitischer, Abstammung ließ sich ebenfalls in Athen nieder (Ende 4. Jh.) und lehrte dort in der «Bunten Stoa» (*stoa*, d. h. «Halle»), daher die Bezeichnung seiner Schule als Stoa und diejenige seiner Lehre als Stoizismus. Für Zenon, der in den Kategorien, aber nicht in den Grenzen der Polis dachte, war das Universum eine einzige große Polis, die durch ein

höchstes Gesetz (*nómos*) regiert werde. Die alles lenkende
Macht, die Weltvernunft (kosmischer Logos), sei mit der Mate-
rie, und das heißt auch mit dem Menschen, in Form eines
«schöpferischen Feuers» verbunden. Diese Macht könne man
als Gottheit, als Schicksal, als kosmisches Gesetz ansprechen,
ihr seien Götter und Menschen unterworfen. Da alle Geschicke
von dieser höchsten Macht gesteuert würden, sei es das Ziel des
Menschen, deren Gesetz zu erkennen und sein Verhalten danach
einzurichten. In allen Menschen wohne ein Funke des göttlichen
Feuers, weswegen auch alle Menschen ihrer göttlichen Anlage
nach gleich seien. Auf den mit dem göttlichen Logos verbundenen Geist des Menschen komme es in allererster Linie an, weniger auf den Körper, nicht auf die äußeren Umstände. Ein Leben
im Einklang mit dem Logos und dessen Gesetz sei die höchste
Pflicht des Menschen. Zugleich erreiche er dadurch Unerschütterlichkeit, wahre Freiheit und Glück. Pflicht und Freiheit kommen nach stoischer Auffassung zur Deckung. Eine solche, von
äußeren Umständen unabhängige Freiheit stehe jedem offen,
dem Sklaven so gut wie dem König.

Die Unerschütterlichkeit des stoischen Weisen konnte zwar
zu einer unnatürlichen Starre führen, aber die Lehre Zenons und
seiner Nachfolger (etwa Chrysipp) hat vielen Menschen einen
Halt gegeben, im Hellenismus wie auch im römischen Kaiserreich. Herrscher wie der Makedonenkönig Antigonos Gonatas (3. Jh. v. Chr.) oder der römische Kaiser Mark Aurel (2. Jh.
n. Chr.) fühlten sich davon angezogen. Philosophen wie Neros
Erzieher Seneca (1. Jh. n. Chr.) oder der freigelassene Sklave
Epiktet (1.–2. Jh. n. Chr.) demonstrierten, daß der Stoizismus
eine Lehre für Reiche wie für Arme war. Auch das Christentum
hat in der Ethik der Stoa verwandte Züge entdeckt.

Mit seiner Auffassung, die ganze Welt, der ganze Kosmos, sei
eine einzige Polis, und der Mensch im Grunde ein Kosmopolit,
ein Weltbürger, stand Zenon nicht allein, sondern in einer älteren Tradition, die besonders auch von der philosophischen
Schule der Kyniker (Diogenes von Sinope, 4. Jh.) fortgeführt
wurde. In der Welt des Hellenismus, die für griechische Maß-
stäbe eine wirkliche Globalisierung mit sich gebracht hatte,

erhielt der Gedanke des Kosmopolitismus neue Nahrung, aber
wurde doch nie eine politische Kraft, die Konflikte hätte verhin-
dern können.

Die Ausbreitung der griechischen Kultur im Zeitalter des Hellenismus begründete auch eine neue Epoche der Literatur. Von
deren Fülle macht man sich ein rechtes Bild, wenn man bedenkt,
daß einschließlich der Philosophen und der Naturwissenschaft-
ler über 1100 hellenistische Autoren bekannt sind, die meisten
leider nur dem Namen nach, denn lediglich ein Bruchteil des
einst Geschriebenen ist erhalten geblieben. Doch mitunter über-
raschen uns die Papyri aus dem Wüstensand Ägyptens mit
neuen Funden von Werken hellenistischer Dichter, etwa von Ko-
mödien Menanders oder den jüngst entdeckten Epigrammen
des Poseidippos von Pella. Die alten, in der griechischen Literatur längst etablierten Autoren und Gattungen lebten in den
Städten und an den Herrscherhöfen der hellenistischen Welt
weiter. Homer blieb nach wie vor *der* Dichter der Griechen, die
Redner Demosthenes und Isokrates (4. Jh.) wurden zu Schulau-
toren der rhetorischen Ausbildung. Im ptolemäischen Alexandreia wurde dank königlicher Förderung eine Bibliothek
geschaffen, die systematisch das literarische Erbe der Vergangenheit sammelte, publizierte und archivierte. Die von den Ptolemäern an ihren Hof gezogenen Dichter und Wissenschaftler
fanden im alexandrinischen Museum eine staatlich finanzierte,
kollegartige Wirkungsstätte, die durch den Kult der Musen
eine religiöse Weihe erhielt. Die Konzentration von Büchern,
Fördermitteln und führenden Köpfen machte die Hauptstadt
der Ptolemäer zur geistigen Metropole der hellenistischen Welt
im 3. Jh. Hier wurden Grundlagen geschaffen, auf denen sich
die Naturwissenschaften und die Mathematik (Eukleides/Eu-
klid, 4./3. Jh.), die Medizin (Herophilos von Chalkedon), die
wissenschaftliche Geographie (Aristarch von Samos, Eratosthe-
nes von Kyrene) oder auch die Philologie (Zenodotos von Ephe-
sos, Aristarch von Samothrake) entfalten konnten.

Die Verbindung von Hofmilieu, Wissenschaft und Philologie
hat auf die Dichtung zurückgewirkt. Das Lehrgedicht, die gelehrte Dichtung, das literarische Spiel mit Vorgängern und Zeit-

genossen sind für den Hellenismus typisch geworden. Höchste Anerkennung fand in Alexandreia Kallimachos von Kyrene (3. Jh.), ein Meister der poetischen Kurzform, der Idylle und des Epigramms. Sein Schüler Apollonios verfaßte die *Argonautika*, ein Epos, das die Fahrt des Schiffes Argo, die Liebe Jasons zu Medea und damit ein mythologisches Thema zum Inhalt hatte. Mit diesem Werk in vier Büchern verstieß Apollonios gegen die von seinem Lehrer Kallimachos favorisierte Kurzform und zog sich im Streit nach Rhodos zurück. In seinen *Idyllen* hat der Syrakusaner Theokrit (3. Jh.) das Hirtenleben besungen und ist damit zum Vorbild der bukolischen Dichtung geworden. Auch er hat zeitweilig in Alexandreia gewirkt, genauso wie sein Landsmann Archimedes, der in der Mathematik, der Physik und der Mechanik hervorragte und bei der römischen Eroberung von Syrakus 212 von einem Soldaten erschlagen wurde. Auch andere Herrscherhöfe des Hellenismus zogen Philosophen und Dichter, Künstler und Wissenschaftler an. Zu den größten literarischen Erfolgen des Hellenismus zählten die *Phainomena* des Aratos aus Soloi (Kilikien), der um 276 an den Hof des makedonischen Königs Antigonos Gonatas gelangte. In seinem Lehrgedicht über die Phänomene und Zeichen am Himmel, d. h. über Astronomie und Meteorologie, entwarf er ein vom Stoizismus geprägtes Bild des Kosmos und des von der Himmelsnatur gelenkten Menschenlebens.

Als Stadt der Philosophenschulen und der Dichtung vermochte Athen seine Stellung neben den monarchischen Residenzen noch zu behaupten. Menander (342/1–291/0), der Vertreter der «Neuen Komödie», zeichnete in seinen Stücken ein distanziertfreundliches Bild seiner Umwelt mit heiterem Verständnis für alles Menschliche (Abb. 10). Die von ihm auf die Bühne gestellten Typen (der strenge Vater, der verschwenderische Sohn, der clevere Sklave, die raffinierte Hetäre) sind offenkundige Charaktere des frühhellenistischen Athens und der Diadochenzeit. Sie waren jedoch alle lebensnah und wohl auch zeitlos genug, um von den römischen Komödiendichtern Plautus und Terenz (3.–2. Jh.) übernommen zu werden und auf diesem Wege noch auf die klassische europäische Komödie einzuwirken.

Abb. 10: Relief des Menander, Marmor (Rom, Vatikanische Museen, Museo Gregoriano Profano). Das Relief porträtiert den sitzenden Dichter mit vornehmen, empfindsamen Zügen, die Theatermaske eines jungen Mannes in der Hand haltend. Auf dem Tisch vor ihm liegen die Masken einer Hetäre und eines Alten. Hinter dem Tisch erkennt man ein Lesepult mit geöffneter Buchrolle. Die elegante weibliche Gestalt rechts ist nicht sicher gedeutet: Skene als die Personifizierung des Schauspiels oder Menanders Freundin, die Hetäre Glykera. Dieses römische Relief (1. Jh. n. Chr.?) geht auf eine griechische Vorlage zurück und belegt das hohe Ansehen Menanders in den kultivierten Kreisen Roms.

Von den zahlreichen Werken der hellenistischen Historiker sind nur wenige erhalten und kein einziges vollständig. Aus diesem Trümmerfeld ragen als gewaltiger Torso die *Historien* des Polybios heraus. (Von den vierzig Büchern dieses Werkes ist ungefähr ein Drittel erhalten.) In ihnen schildert der Verfasser, der zunächst als Politiker und Offizier des Achäischen Bundes aktiv war und nach dem 3. Römisch-Makedonischen Krieg (171–168) als Geisel nach Italien kam, wie es möglich war, daß Rom in nur knapp 53 Jahren, von 220 bis 168, zur allein verbleibenden Großmacht aufsteigen konnte. Mit der Wahl dieses Themas verließ Polybios die engeren Grenzen der Lokal-, Regional- oder Dynastiegeschichte und wurde zum Universalhistoriker der antiken Welt seiner Zeit. Im Gegensatz zu einer weit verbreiteten Meinung, wonach das Leben der Menschen und Staaten von den Launen der Schicksalsgöttin *Tyche* (*Fortuna*) abhängig sei, versuchte Polybios, eine rationale Antwort auf den überwältigenden Aufstieg Roms zu geben: Nicht das blinde Glück, sondern die Verfassung Roms und die Qualitäten seiner Bürger seien verantwortlich für deren Überlegenheit über die Karthager und Griechen. Die Debatte hatte eine Tradition und hatte sich besonders an der Gestalt Alexanders festgemacht: Waren die unbegreiflich raschen Erfolge des Makedonen einfach nur Glück oder sein eigenes Verdienst? Noch bei den Alexanderhistorikern der römischen Kaiserzeit ist diese Thematik aktuell. Glück und Unglück im Leben des Einzelnen und der Völker waren freilich alles andere als eine nur akademische Frage. Im antiken Roman, der seine Wurzeln vor allem im Hellenismus hatte, war das Ausgeliefertsein des Menschen an die Macht des Schicksals geradezu ein Leitmotiv. Ganz offenkundig haben wir es hier mit einer Grunderfahrung dieser unruhigen Zeit zu tun. Sie hat ihren Niederschlag in der literarischen Produktion der Griechen gefunden, doch viel massiver tritt sie uns in den Religionen der hellenistischen Zeit entgegen.

4.2 Die Religionen des Hellenismus

Von der Astrologie versprach man sich eine Methode, den Lauf des Schicksals zu berechnen, von der Magie ein Mittel, es abzuwenden oder im gewünschten Sinne umzulenken (Schadenszauber, Liebeszauber). Die Abhängigkeit von höheren Mächten wurde scharf empfunden, hier versprach die Schule Epikurs Aufklärung und Seelenruhe. Doch die Massen standen in ganz anderen Traditionen und fanden keinen Trost bei den entrückten, menschlichen Gebeten unzugänglichen Göttern Epikurs.

Die alten Götter der Griechen behielten ihre Verehrer. Allzu schnell schloß man bis vor kurzem noch vom Niedergang der Polis auf den Bedeutungsverlust der traditionellen Poliskulte.

Dagegen ist jedoch zu sagen, daß die Poleis zwar ihren Status als selbständige Stadtstaaten zunehmend verloren, aber ihre interne Organisationsstruktur behielten, und dazu zählten in prominenter Weise die städtischen Kulte. Im Zuge der Eroberungen Alexanders und der Diadochen haben Makedonen und Griechen ihre alten Gottheiten mitgenommen und ihnen eine weitere Verbreitung als je zuvor gesichert. Die Namen und Bilder von Zeus und Hera, Apollon und Artemis, von Demeter und ihrer Tochter Kore-Persephone, von Dionysos und Herakles finden sich an den Enden der hellenistischen Welt vom nördlichen Schwarzmeerraum bis zum Süden Ägyptens und in Zentralasien. Diese Expansion ging allerdings mit einem anderen Phänomen einher, das es so nur in polytheistischen Gesellschaften geben konnte: Die Griechen identifizierten ihre Gottheiten mit denjenigen der unterworfenen Gebiete. In Ägypten wurde beispielsweise Zeus mit Ammon, Apollon mit Horos, Dionysos mit Osiris gleichgesetzt, im semitischen Raum Zeus mit Baal und Herakles mit Melqart. Diesem weit verbreiteten Vorgang lag die Vorstellung zugrunde, daß die Gottheiten der Fremde im Grunde die gleichen seien wie die eigenen und nur unter anderem Namen angerufen, unter anderer Gestalt verehrt würden. Diese Kontamination der eigenen mit den jeweils indigenen Göttern trug wesentlich dazu bei, die Eroberer und Einwanderer an die kultischen Traditionen der unterworfenen Gebiete heranzuführen. Die Assimilation konnte extreme Formen annehmen, wenn etwa Griechen ägyptischen Tiergöttern huldigten oder wie die Ägypter ihre Toten mumifizieren ließen, anstatt sie nach altgriechischem Brauch zu verbrennen. Solche Anpassung beschränkte sich also keineswegs auf Äußerlichkeiten, sondern erfaßte etwa im Totenkult und den damit verbundenen Vorstellungen zentrale Bereiche der Lebensführung und Jenseitserwartung. In solchen Fällen – und sie sind häufig – finden wir echten Hellenismus im Sinne Droysens: die Verschmelzung von Ost und West, und hier war der Osten der stärkere, der gebende Partner.

Von den vielen Spielarten religiöser Vermischung (Synkretismus) von Anatolien bis Persien ist wegen seines großen Erfolges der Kult des Mithras hervorzuheben. Dieser persische Licht-

und Schwurgott hatte im Laufe der Achämenidenzeit Züge des babylonischen Sonnengottes Schamasch angenommen und konnte von den Griechen ihrem Sonnengott Helios oder dem Lichtgott Apollon angeglichen werden. Im Perserreich und bei den iranischen Dynasten Anatoliens fand der Kult des Mithras mit seinen ritterlichen, männerbündischen Elementen weite Verbreitung, wie dies ja auch in der Beliebtheit des Namens Mithradates zum Ausdruck kommt. Ihre größten Erfolge erlebte die Religion des Mithras im römischen Kaiserreich, wo sie bis in den Westen des Imperiums vordringen konnte. Als *Sol invictus Mithra*, als «unbesiegbarer Sonnengott Mithra», zählte der Kult vor allem unter den Soldaten und Beamten des Reiches eine starke Anhängerschaft.

Ein ganz besonderes Phänomen der hellenistischen Religionsgeschichte war die Schaffung eines neuen Kultes durch Ptolemaios I. Dies geschah auf dem Wege der Verschmelzung eines griechischen und eines ägyptischen Gottes zu einem Gott mit neuem Namen und neuer Gestalt. Den Ausgangspunkt bot die Verehrung des ägyptischen Gottes Apis, der in seiner Kultstätte Memphis in einem lebenden heiligen Stier Platz nahm. Jeder verstorbene Apisstier wurde nach seinem Tod ein Osiris, woraus sich die ägyptische Namensform Wsjr-Hp, griechisch Oserapis, ergab. Den Kult dieses Tiergottes übernahm Ptolemaios I. unter dem Namen Sarapis (nach Wegfall des als Artikel gedeuteten «o») und ließ ihm in Alexandreia ein großes Heiligtum erbauen, das *Sarapeion*, lateinisch *Serapeum*. Das Kultbild dieses Gottes in der Griechenstadt Alexandreia konnte nun freilich kein Stier sein wie in Memphis, sondern war menschengestaltig und soll aus Sinope in Kleinasien nach Ägypten gebracht worden sein. Wie dem auch sei, jedenfalls war es ein Werk des Künstlers Bryaxis, der dem Sarapis die Gestalt einer gelockten und bärtigen griechischen Vatergottheit verlieh und ihr als charakteristisches Attribut einen Korb (*kalathos*) mit Kornähren aufs Haupt setzte. Dieses Kultbild ist bis in die späte Römerzeit in zahllosen Kopien wiederholt und abgewandelt worden. Während Sarapis zur Hauptgottheit Alexandreias wurde und sehr rasch Verbreitung im östlichen Mittelmeerraum fand, blieb er im Innern Ägyptens vor allem in Memphis präsent. Zwar hatte er auch sonst im Lande seine Verehrer, freilich ohne gegenüber den anderen ägyptischen Göttern eine dominierende Stellung gewinnen zu können.

Zum weiblichen Pendant des Sarapis entwickelte sich die ägyptische Isis, die von den Griechen mit Demeter, der Göttin der Eleusinischen Mysterien und Schutzgöttin der Landwirtschaft, gleichgesetzt wurde. Als Geliebte des Osiris, als leidende Gattin und vor allem als Muttergöttin verehrt, absorbierte Isis zunehmend eine Reihe anderer Göttinnen und wurde zu einer regelrechten Allgöttin (*panthea*), die unter vielen Namen angerufen wurde. Eine ähnliche Entwicklung durchlief der Kult des Sarapis: als Himmelsgott Zeus, als Totengott Pluton, als Sonnengott Helios verehrt, erlangte Sarapis im kaiserzeitlichen Rom den Rang einer Staatsgottheit, die häufig zusammen mit Isis verehrt wurde.

Durch die Absorption anderer Gottheiten hatte sich die Macht des Sarapis und der Isis zur Allmacht gesteigert. Im Gebet und im Mysterium waren sie als göttliche Inbegriffe von Vater und Mutter den Menschen zugänglich und wohlgesonnen. Es ist sehr bezeichnend und spricht für den multikulturellen Charakter der antiken Gesellschaft, daß hellenisierte ägyptische Gottheiten wie Sarapis und Isis eine derartige Stellung im Römischen Reich einnehmen konnten. Nicht die Götter der Olymps unter ihren griechischen Namen, sondern die synkretistischen Gottheiten des Hellenismus wie Mithras, Sarapis und Isis waren in der römischen Kaiserzeit die schärfsten Rivalen des aufstrebenden Christentums. In Alexandreia stand der Tempel des Sarapis noch bis fast ans Ende des 4. nachchristlichen Jahrhunderts. Seine Zerstörung durch die Christen 391 war gleichsam ein Fanal für das Ende des alten Glaubens.

Die Gottheiten der Griechen und des Ostens konnten von Einzelnen angerufen oder von Gruppen, Gemeinden und Staaten verehrt werden. Im Hellenismus und in römischer Zeit nehmen die Belege für Kultvereine zu, die eine bestimmte Gottheit hervorhoben und sich nach ihr benannten (etwa Sarapiasten, Asklepiasten usw.). Ein ganz besonderes Nahverhältnis zwi-

schen Gott und Mensch kam zustande, wenn sich der Gläubige
in die Mysterien einer Gottheit einweihen ließ. In Griechenland
hatte dies eine alte Tradition, vor allem im Kult der Vegetations-
göttin Demeter in Eleusis (bei Athen), des rauschhaften Gottes
Dionysos, des thrakischen Sängers Orpheus oder auch der Kabi-
ren auf Samothrake. Im Hellenismus und in der Begegnung mit
dem Orient gewannen die Mysterien an Bedeutung. Über die ge-
heimen Riten selbst sind wir nur mangelhaft informiert, zumal
die Eingeweihten (*mystai*) in der Regel Schweigen bewahrten.
Ein zentrales Element war die Erfahrung rituellen Tods und
der Wiederkehr zum Leben, der Wechsel von Dunkelheit und
Licht, von Trauer und Freude. Im Schlußteil des lateinischen
Romans *Metamorphosen* oder *Der goldene Esel* des Apuleius
(2. Jh. n. Chr.) wird der Weg der Hauptperson zu den Mysterien
der Isis anschaulich erzählt, von dem konkreten Inhalt jedoch
nur soviel: «Ich bin an die Grenze des Todes gekommen und habe die Schwelle der Proserpina (griechisch Persephone, Göttin
der Unterwelt) betreten, durch alle Elemente bin ich gefahren
und dann zurückgekehrt, um Mitternacht habe ich die Sonne in
blendend weißem Licht leuchten sehen, den Göttern droben und
drunten bin ich von Angesicht zu Angesicht genaht und habe sie
aus nächster Nähe angebetet.» (Übersetzung R. Helm). – In solchen Mysterien war die Reinheit des Einzuweihenden zwingen-
de Voraussetzung. Diese Reinheit konnte vorwiegend rituell und
mehr äußerlich sein, sie konnte aber auch zu innerer Läuterung
und echter Umkehr führen. Insofern lag es schon in der Antike
nahe, das reinigende Bad der Taufe als Übergang vom Tod zu
einem neuen Leben in Christus, die Täuflinge als Mysten, den
Gottesdienst als Mysterium zu bezeichnen.

Zu den typischsten und folgenreichsten Erscheinungen der
hellenistischen Religionsgeschichte gehört der Herrscherkult.
Göttliche Ehren für Menschen hatte es bei den Griechen verein-
zelt schon vor Alexander gegeben. Eine solche Vergöttlichung
war für das Denken der Griechen faßbar, weil ihre Mythologie
neben den eigentlichen Göttern auch Halbgötter kannte, Menschen mit einem göttlichen und einem menschlichen Elternteil,
die, wie etwa Herakles, nach ihrem Tode zu den Göttern ent-

rückt worden waren. Dieser Tradition folgte Alexander, als er sich als Sohn des Gottes Zeus-Ammon und seiner sterblichen Mutter Olympias ausgab (Abb. 2). Die Berührung Alexanders und seiner Nachfolger mit der Welt der östlichen Monarchien hat diese griechisch-makedonischen Ansätze zur herrscherlichen Überhöhung und Vergottung lebender Menschen noch gefördert. Jedenfalls dauerte es nicht lange, und auch die Nachfolger Alexanders legten sich göttliche Stammbäume zu, ließen sich als Gott (*theos*) bezeichnen und anreden, verlangten für ihre Vorfahren, für sich selbst und ihre Gattinnen göttliche Ehren, Opfer und Altäre. Da sie im übrigen als Retter (*soter*) und Wohltäter (*euergetes*) gelten wollten und diese oder ähnliche Bezeichnungen auch als offizielle Beinamen führten, wurde ihnen von den Untertanen aus echter oder nur opportunistischer Verehrung in kultischen Formen gehuldigt und Loyalität bekundet.

Die hellenistischen Könige konnten dabei auf indigene Traditionen der besonderen Gottesnähe oder Gottessohnschaft zurückgreifen, die Seleukiden etwa als Schützlinge und Helfer des babylonischen Gottes Marduk, die Ptolemäer als Pharaonen und damit als Söhne des ägyptischen Gottes Amun-Re. Allgemein verbreitet war die Vorstellung, daß ein König gewissermaßen als Reinkarnation eines Gottes auftreten könne, etwa als «Neuer Dionysos» oder, im Falle Kleopatras, als «Neue Isis». Als Rom die hellenistischen Herrscher Zug um Zug ausschaltete, übertrugen die Griechen in einem Akt religiös gefärbter Ergebenheit die kultische Verehrung auf die neue Herrin, die «Göttin Rom» (*thea Rhome*).

Grundsätzlicher Widerstand gegen den Herrscherkult war nur von denen zu erwarten, die eine unüberschreitbare Trennungslinie zwischen Gott und Mensch gezogen hatten: von den Juden. Im römischen Kaiserkult hat der hellenistische Königskult seine unmittelbare Fortsetzung gefunden und hat damit, wie andere vorhin skizzierte Kulte auch, entscheidend zur religiösen Hellenisierung des römischen Imperiums beigetragen.

4.3 Regionale Kontakte und Konflikte

Kulturen und Religionen des Hellenismus bieten neben gemeinsamen Grundzügen auch regionale Ausprägungen und bisweilen Phänomene der Ablehnung und des Widerstands. Nur durch die Darstellung dieser spannungsreichen Vielfalt wird man dem Charakter der Epoche gerecht. Aufschlußreich ist beispielsweise der Herrscherkult in Kommagene, einer Landschaft am rechten Ufer des oberen Euphrat. Auf dem Nemrud Dag ließ König Antiochos I. (regierte ca. 70–ca. 35) aus der Dynastie der Orontiden eine gewaltige Totenstadt mit persischen Feueraltären und Kolossalbildnissen von Göttern und Vorfahren anlegen. In Götternamen wie Zeus-Oromasdes (Ahuramazda) oder Apollon-Mithras-Helios-Hermes spiegelt sich die Verschmelzung persischer und griechischer Gottesvorstellungen, während die Beinamen des Antiochos seine Positionierung in der politischen und kulturellen Landschaft des 1. Jhs. signalisieren: Theos Dikaios Epiphanes Philorhomaios Philhellen (Gott, Gerechter, Gegenwärtiger, Römerfreund, Griechenfreund). Die Inschriften dieser Totenstadt sind in griechischer Sprache abgefaßt. In der Weite der hellenistischen Welt hatte das Griechische vielfach (aber nicht überall) seine alten Dialekte preisgegeben und eine allgemeine Sprachform, die *Koine* (von griechisch *koinos*, «allgemein»), entwickelt, die in Unteritalien genauso wie in Ägypten oder Mesopotamien geschrieben und verstanden wurde.

Während in Mesopotamien die Neugründung Seleukeia am Tigris ein regionaler Mittelpunkt griechischer Kultur wurde, pflegten alte Städte wie Babylon und Uruk ihre orientalischen Traditionen. Doch die Existenz eines Gymnasiums in Uruk, eines Theaters in Babylon sogar noch in parthischer Zeit belegt auch hier die Geltung der griechischen neben der indigenen Kultur. Diese hatte in den Priestern der einheimischen Götter ihren Rückhalt, was aber nicht unbedingt Ablehnung alles Griechischen bedeuten mußte. So bediente sich der babylonische Bel-Priester Berossos der griechischen Sprache, um in seinen *Babyloniaka* dem Seleukiden Antiochos I. die Mythologie, Geschichte und Weisheit des alten Babylon vor Augen zu führen.

In Baktrien haben die Ausgrabungen französischer und sowjetischer Forscher der Kenntnis des ostiranischen Hellenismus völlig neue Dimensionen erschlossen. In Ai-Chanum am Oxos (heute Amudarja) im nördlichsten Afghanistan wurde eine im späten 4. Jh. gegründete Griechenstadt entdeckt. Ein Theater, ein Gymnasium und zahlreiche griechische Schriftzeugnisse, darunter eine Abschrift der delphischen Sprüche der Sieben Weisen, sprechen für die griechische Prägung dieser Stadt, während sich in ihrer Kunst das Weiterleben persischer und speziell baktrischer Traditionen spiegelt. Ebenfalls am Oxos, auf dem Tacht-i Sangin, läßt sich im iranischen Feuertempel mit seinen griechischen Götterbildnissen die Verbindung persischer und griechischer Elemente beobachten, eben Hellenismus in seiner griechisch-baktrischen Prägung. Die aramäischen und griechischen Inschriften, die der indische Maurya-Herrscher Asoka im 3. Jh. im Ostiran aufstellen ließ, sind schon früher zur Sprache gekommen (S. 41). Natürlich demonstrieren sie sehr eindrucksvoll die östliche Ausstrahlung der griechischen Sprache, aber sie zeigen zugleich das Weiterleben des Aramäischen, der Verkehrssprache des Perserreiches. Das Beharrungsvermögen persischer Traditionen, die spätere Eroberung zentraler Teile des Seleukidenreiches durch die iranischen Parther und deren schließliche Ablösung durch die gleichfalls iranischen Sasaniden im 3. Jh. n. Chr. haben letzten Endes das Iranertum trotz des Unterganges der Achämeniden und des Sieges Alexanders als die dauerhaftere Kraft im Mittleren Osten erwiesen.

Die für die europäische Geschichte folgenreichste Begegnung der griechischen mit einer indigenen Kultur fand im Bereich des Judentums statt. Wir hatten schon des öfteren Gelegenheit (S. 47 f., S. 80 f.), auf das spannungsreiche Verhältnis zwischen den Juden und ihren griechischen Nachbarn (Ptolemäer, Seleukiden) einzugehen. Auf die Herausforderung und Bedrohung durch den Hellenismus antwortete das orthodoxe Judentum nicht nur mit militärischem Widerstand, sondern auch mit den Mitteln der Literatur. Gleichgültig, ob es sich um historische Schriften wie die Makkabäerbücher oder um Weisheitsliteratur wie das Buch *Jesus Sirach* (*Ecclesiasticus*) oder das Buch der

Weisheit (*Weisheit Salomos*) handelte, immer waren die Verteidigung des Glaubens und ein Leben gemäß dem Gesetz das vordringliche Anliegen. Gerade in Zeiten der Gefahr und der Krise blühte die jüdische Apokalyptik: Sie prophezeite den Untergang des weltanschaulichen Feindes und den Sieg der Sache Jahwes. Im Buch *Daniel* geschieht dies in der Weise, daß der im 2. Jh. lebende Verfasser den Leser in das 6. Jh., die Zeit der babylonischen Könige Nebukadnezar II. (Nabuchodonosor) und Belsazar, zurückversetzt. Aus dieser Vergangenheit heraus schaut Daniel in einem Traumgesicht die Untaten und das Ende des Jahwefeindes Antiochos IV. In der neutestamentlichen *Apokalypse* des Johannes wird das prophetische Schema von einem Christen übernommen und das Feindbild auf Rom in der verhüllenden Gestalt der «großen Hure Babylon» übertragen. In den sehr heterogenen *Oracula Sibyllina*, die sich fiktiv auf die *Sibyllinischen Bücher* des alten Rom beziehen, fassen wir viel hellenistisches, vor allem auch jüdisches Gedankengut, das häufig gegen Rom gerichtet ist. Die spätere Überarbeitung und Ergänzung dieser Orakel durch Christen zeigt, wie aktuell und attraktiv diese Textsorte als scharfes Instrument ideologischer Auseinandersetzung geblieben ist.

Die meisten dieser gegen hellenistische Herrscher oder Rom gewandten Schriften von Juden wurden in griechischer Sprache verfaßt. Dank dieser damals internationalen Sprache erreichten sie die mittlerweile griechischsprechenden Juden der Diaspora und darüber hinaus ein weites Publikum von Sympathisanten. Aus dem gleichen Grunde wurde in hellenistischer Zeit das hebräische Original des *Alten Testaments* ins Griechische übersetzt (*Septuaginta*). Das Heraustreten der Juden aus ihrer engen Heimat, das Griechische als Sprache der jüdischen Diaspora, die jüdische Auseinandersetzung mit der Kultur des Hellenismus, all diese Faktoren haben auch die Entstehung und Ausbreitung des Christentums mitgeprägt. Aus der Retrospektive des evangelischen Pfarrersohnes J. G. Droysen hat der Hellenismus in seiner konfliktreichen Begegnung mit dem Judentum als Wegbereiter des Christentums gedient und gerade dadurch eine welthistorische Rolle gespielt.

Wie Berossos durch seine *Babyloniaka* die Achtung der Seleukiden für Babylonien gewinnen wollte, so versuchte der ägyptische Priester Manethon durch seine *Aigyptiaka* das Interesse der ersten Ptolemäer an der Geschichte und Kultur seines Landes zu wecken. Wir hatten schon Gelegenheit, die enge Zusammenarbeit zwischen den neuen Herren und einem maßgeblichen Teil der ägyptischen Priesterschaft zu unterstreichen (S. 86). Doch die Fehler der Regierung und, andererseits, die Ablehnung der makedonisch-griechischen Fremdherrschaft durch traditionsbewußte Ägypter gerade aus den Kreisen der Priesterschaft haben des öfteren zu Aufständen geführt und eine Oppositionsliteratur hervorgebracht, die manche Parallelen zur jüdischen Apokalyptik aufweist. Die Diskussion über die Tradition, den politischen Standort und die Absichten der prophetischen und apokalyptischen Literatur Ägyptens sind noch im vollen Gange (vgl. A. Blasius, B. U. Schipper, 2002). Für die Verarbeitung der Eroberung des Nillandes durch Alexander und die Einschätzung der ptolemäischen Herrschaft stand in Ägypten ein durch die eigene lange Geschichte geprägtes Repertoire an Erfahrungen und Deutungsmustern zur Verfügung. Zu diesen Erfahrungen gehörten Umbrüche und Katastrophen der älteren pharaonischen Vergangenheit genauso wie die Häufung von Fremdherrschaften in der jüngeren Geschichte des Landes. Einen besonders tiefen Einschnitt bedeuteten die Eroberung Ägyptens durch den Achämeniden Kambyses 525 und die lange, bis 332 währende, aber durch Abfallbewegungen unterbrochene, Zugehörigkeit zum Perserreich. In solchen Situationen wurde die Klage über den Zusammenbruch der Ordnung, über den Niedergang des Landes, über das Unheil der Gegenwart mit prophetischen Visionen einer Wiederherstellung der gerechten Ordnung, der Heraufkunft eines rettenden Pharao und dem Anbruch einer neuen Heilszeit verbunden.

Auf dem Hintergrund dieser durch die Priester Ägyptens tradierten «Verarbeitungsstrategien» konnte die Herrschaft Alexanders und der Ptolemäer unterschiedlich gedeutet werden. In der *Demotischen Chronik*, einer auf Demotisch, d. h. einer späten Stufe der ägyptischen Sprache, verfaßten Schrift des 3. Jhs., geschieht dies in der Weise, daß das ptolemäische Königtum als Befreiung von der verhaßten Perserherrschaft begrüßt und von dem ägyptischen Gaugott Herischef sanktioniert wird. In dem gleichfalls demotischen Text *Das Lamm des Bokchoris* herrscht eine ganz negative Einschätzung der Gegenwart, in diesem Falle der Eroberung Ägyptens durch den Seleukiden Antiochos IV. 170–168, die trotz ihrer kurzen Dauer die Erinnerung der Ägypter an die Unterwerfung unter die Perser wecken mußte. Die Schilderung des Ägypten treffenden Unglücks, die Gottverlassenheit des Landes, die in Aussicht gestellte Wiederherstellung der Ordnung werden einem prophetischen Lamm in den Mund gelegt, das in fernster Vergangenheit diese Zeit des Unheils angekündigt hatte: eine typische Prophezeiung *ex eventu*, antipersisch, antiseleukidisch und proptolemäisch.

Angesichts der langen Tradierung solcher Texte und ihrer Anwendung auf sich wandelnde Verhältnisse ist mit redaktionellen Bearbeitungen zu rechnen. Dies ist in besonderer Weise der Fall beim *Töpferorakel*, einem griechischen Text, der sich als Prophezeiung eines ägyptischen Töpfers gibt. Infolge der verschiedenen Redaktionen der Überlieferung sind die Aussagen nicht mit Sicherheit zu deuten. Die Zerstörung der ptolemäischen Hauptstadt wird vor dem Hintergrund bürgerkriegsartiger Auseinandersetzungen geweissagt, «dann wird die Stadt-am-Meer (Alexandreia) ein Trockenplatz der Fischer sein». Memphis wird die Vielvölkerstadt am Meer ablösen, und Ägypten wird wieder erstarken. Die Überlieferung dieses Textes in mehreren griechischen Varianten zeigt, daß nicht die griechische Sprache abgelehnt, sondern die Aufgabe ägyptischer Tradition und Ordnungsvorstellungen angeprangert wird. Das setzt ein ägyptisch orientiertes, aber Griechisch lesendes Publikum voraus, eben sprachlich hellenisierte Ägypter. Das Griechische war zum Träger ägyptischen Gedankengutes geworden, ähnlich wie, *mutatis mutandis*, die griechisch überlieferten Makkabäerbücher den Griechisch lesenden Juden den Hellenismus als Gefahr für das jüdische Gesetz vor Augen stellten oder ähnlich der *Septuaginta*, die als griechische Übersetzung des hebräischen *Alten Testaments* die sprachlich hellenisierten Juden der Diaspora auf die Tradition Israels verpflichtete. Als Verkehrssprache des Ostens war das Griechische zum Instrument des Kampfes gegen eine bestimmte Form des Hellenismus geworden, die als globalisierende Bedrohung tradierter Lebensordnungen empfunden wurde.

Mit den Gattungen Apokalyptik und Prophetie, mit der *Septuaginta* und den zahllosen hieroglyphischen Tempelinschriften Ägyptens sind wir im Bereich einer priesterlich bestimmten Literatur, die wohl nur von wenigen gelesen wurde. Dennoch sollte man ihre Wirkung nicht unterschätzen: Im Gottesdienst und im Umkreis des Jerusalemer Tempels wurden Kult und Gesetz in eindrücklichster Weise erfahren und gelehrt, in den Synagogen die Heilige Schrift vorgelesen und kommentiert. In den Volksfesten und Prozessionen der ägyptischen Tempel, in den Opfern, Umzügen und Gelagen griechischer Götterfeste wurde Religion erlebt und in den Alltag mitgenommen. Der Kult konnte in persönlicher Frömmigkeit seinen tiefsten Ausdruck finden, doch hatte er auch seine großen kollektiven Momente, die in den multikulturellen Metropolen der hellenistischen Welt eine spannungsreiche Atmosphäre schufen. Ein folgenschweres Produkt dieser Spannungen war der griechisch-ägyptische Antijudaismus, der auch in Rom seine Anhänger finden sollte.

Blicken wir zurück auf die Anfänge des hellenistischen Zeitalters, so hatten Alexander, seine Makedonen und die Griechen den Krieg gegen die Perser als einen Kampf gegen die Barbaren aufgefaßt und verkündet. Die Barbaren waren in erster Linie die der griechischen Sprache nicht mächtigen, die der griechischen Kultur und Polisordnung nicht teilhaftigen Fremden, als Ungebildete zum Dienen geboren, als Perser für die Rache bestimmt. Haben dreihundert Jahre Hellenismus dieses Bild verändert? Alexander selbst hat den Schritt vom makedonischen König zum Nachfolger des persischen Großkönigs vollzogen. Die Diadochen haben im Orient und in Ägypten die ehemaligen Satrapien in eigene Königreiche umgewandelt und waren zu Herrschern über Barbaren geworden. Soweit diese Monarchien nicht durch die Parther besetzt wurden oder noch weiter östlich dem Griechentum allmählich verloren gingen, hat sich überall eine griechische Kultur der herrschenden Gesellschaft durchgesetzt: eine durch die Herrscherhöfe, die Verwaltungen und die Heere getragene Leitkultur. In drei Jahrhunderten Hellenismus hat die griechische Kultur in unterschiedlichem Maße auch die mittleren und niederen Schichten der eroberten Gebiete erfaßt. Am Beispiel der Juden konnten wir beobachten, daß sich die Hellenisierung häufig nur auf die Übernahme der griechischen Sprache, nicht jedoch auf die Religion und die Lebensformen der Griechen (Gymnasium, Theater) bezog. Bei manchen Ägyptern wiederum ging die Angst um, die Fremden bedrohten die Tradition des Landes, doch hinderte das weder den Priester Manethon noch die Redaktoren des *Töpferorakels* daran, sich der griechischen Sprache zu bedienen. Vermutlich haben viele Griechen alle jene als Barbaren betrachtet, die keine griechische Bildung genossen, keine Zulassung zum Gymnasium erhalten, keinen Anteil an den griechischen Kulten und Festen gewünscht hatten. Dabei machte es dann wenig aus, ob diese Barbaren des Griechischen mächtig waren oder nicht. Es liegt auf der Hand, daß in dem diffusen Spektrum hellenistischer Kultur die Grenze zwischen Hellenen und Barbaren je nach Standpunkt des Betrachters nur schwer zu ziehen war. Doch diese Grenze war da, nach wie vor, und sie überlebte das Zeitalter des Hellenismus. Wie scharf diese und andere Schranken empfunden wurden und wie das Christentum sie überwinden wollte, kann man in dem aus der Schule des Apostels Paulus stammenden Brief an die *Kolosser* (3, 9–11) nachlesen: «Belügt euch nicht gegenseitig, ihr habt doch den alten Menschen samt seinem Tun ausgezogen und habt den neuen Menschen angezogen, der erneuert ist zur Erkenntnis nach dem Bild seines Schöpfers. Da ist nicht Hellene und Jude, Beschneidung und Vorhaut, Barbar, Skythe, Sklave, Freier, sondern alles und in allen Christus.»

4.4 Zur bildenden Kunst im Hellenismus

Wollte man die Geschichte der Kunst im Zeitalter des Hellenismus nachzeichnen, so bedürfte es dazu einer repräsentativen Bilddokumentation, die hier aus Platzgründen nicht geboten werden kann. Sie beschränkt sich deshalb nur auf einige wenige Abbildungen. In Verbindung mit den kommentierenden Unterschriften zu diesen Abbildungen muß an dieser Stelle eine knappe Skizze genügen. In der Regel wird die Kunst des Hellenismus vom Standpunkt der Griechen aus betrachtet, was angesichts ihrer dominierenden Stellung verständlich ist. Doch die Begegnung der griechischen mit den verschiedenen orientalischen Kunsttraditionen ist ein nicht minder wichtiger Aspekt der Entwicklung, der hier nur angedeutet, aber nicht ausgeführt werden kann.

Für die Kunst der Griechen und diejenige der unterworfenen Völker schuf der Hellenismus neue Rahmenbedingungen. Zahlreiche Neugründungen von Städten und Herrscherresidenzen, die vielen Neubauten von Tempeln, Gymnasien, Theatern, Plätzen und Privathäusern boten ungeahnte Möglichkeiten für Städteplaner, Architekten, Künstler und Kunsthandwerker (vgl. Abb. 3: Pergamon). In den Residenzen entfaltete sich eine höfische, auf die Monarchen ausgerichtete Kunst. In den alten und neuen Städten etablierten sich Eliten, die stärker als zuvor in die Öffentlichkeit drängten und durch Ehrenstatuen auf den wichtigsten Plätzen der Stadt ihre Präsenz und ihr Prestige auf Dauer zu sichern suchten. Man kann sich leicht vorstellen, welche verheerenden Auswirkungen die seit dem 2. Jh. häufige Zerstörung und Plünderung von Städten auf das Bewußtsein städtischer Kontinuität und aristokratischer Traditionsbildung gehabt haben müssen.

Charakteristisch für die griechische Kunst in hellenistischer Zeit war ihr Zug ins Weite, ihre intensivere Berührung mit der Welt des Orients und der Barbaren. Völlig neu war diese Welt den Griechen allerdings nicht, denn durch ihre frühere Kolonisationstätigkeit waren sie längst schon mit anderen Kulturen in Berührung gekommen, etwa mit dem Orakel des Zeus-Ammon (Abb. 1) in der libyschen Wüste oder mit den Skythen am Rande der südrussischen Steppe (Abb. 8). Der «Sterbende Gallier» in Pergamon (Abb. 4) knüpft an diese Tradition an und verbindet sie mit einem Pathos, das der pergamenischen Kunst eigen ist und eine seiner Wurzeln in der «barocken» Steigerung monarchischer Selbstdarstellung und Sieghaftigkeit hat (besonders gut ablesbar an den massiven, spannungsgeladenen, dramatisch in Szene gesetzten Gestalten des Großen Pergamonaltars).

Die Diadochen traten aus ihrer makedonischen Tradition heraus und wurden Monarchen; hervorragende Bürger erstrebten die Darstellung ihrer Leistungen und ihrer Person in städtischen Ehreninschriften und -statuen. Diese Grundströmung des Hellenismus schuf eine Bildniskunst, die das Individuelle der Person, ihrer Stellung, ihres Anspruches sichtbar machen wollte. Im Falle des Herrscherporträts konnte dieses Bestreben dazu führen, das Bild des Herrschers mit den Zügen oder Attributen von Göttern und Vorbildern aufzuladen (Abb. 2: Alexander, Abb. 5: Mithradates).

Die Hervorhebung des Individuellen, das Streben nach Realismus in der Wiedergabe von Personen und Typen erfaßte in der hellenistischen Kunst auch Menschen und Gruppen, die in der älteren Bildhauerkunst keine Rolle gespielt hatten und nun in ausgesprochenen Genreszenen studiert wurden. Mitunter steigerte sich dieser Realismus bis zum Naturalistischen und zum Grotesken, besonders in der Darstellung der unteren, der dienenden Schichten.

Die Berührung der griechischen Kunst mit den indigenen Kulturen des Ostens führte in vielen Bereichen zu Mischformen (vgl. etwa S. 40 f. und S. 106 zum östlichen Iran). Am Beispiel des Caesarporträts (Abb. 6) läßt sich die Verbindung der griechisch-römischen Porträtkunst mit der ägyptischen Bildhauertradition beobachten, an der Bild- und Vorstellungswelt der Mendesstele (Abb. 9) hingegen die von allem Griechischen noch völlig unberührte Tradition des pharaonischen Ägypten.

Allzu vieles muß hier übergangen werden, was in einer ausführlicheren Darstellung zu besprechen gewesen wäre. Festzuhalten bleibt jedenfalls: Die Kunst hat in hellenistischer Zeit ihren Gesichtskreis erweitert und vertieft, das Individuelle von Personen und Gruppen schärfer herausgearbeitet, daneben jedoch die klassische Tradition des Schönen und Idealen fortgeführt, vor allem in der Darstellung von Göttern, häufig auch von Herrschern.

5. Bilanz und Ausblick

Alexander der Große hatte in der Tat eine neue Welt geschaffen und eine Epoche eröffnet, die große und nachhaltige Wirkungen entfaltet hat. Die bedeutendste war sicherlich die Hereinholung des Orients in die politische und kulturelle Welt der Makedonen und Griechen. Eine multikulturelle Zivilisation bisher unerreichten Ausmaßes mit intensiv ausstrahlender griechischer Leitkultur war die Folge. Während die Gebiete im Iran und am Indus den Nachfolgern Alexanders allmählich wieder verlorengingen, wurden Kleinasien und der Nahe Osten auf Dauer und bis zum Sieg des Islams in die griechische Welt einbezogen. Aus dieser Begegnung der Hellenen mit dem Osten ist eine neue, die hellenistische Kultur entstanden. Politisch ist sie durch den Sieg der absoluten Monarchie über die Demokratie der griechischen Stadtstaaten geprägt, geistesgeschichtlich durch die Expansion griechischer Sprache, Bildung und Lebensformen, religiös durch den Siegeszug östlicher Kulte, die sich bei ihrer Ausbreitung des Griechischen als der neuen Verkehrssprache bedienten. All diese Entwicklungen mündeten ins Römische Reich, das dem hellenistischen Osten die politische Selbständigkeit nahm, aber die kulturelle Autonomie beließ. Mehr noch, Rom selbst wurde durch den Hellenismus erfaßt: Es gab seine republikanische Verfassung zugunsten einer Monarchie auf, die mit fortschreitender Kaiserzeit immer deutlicher an diejenige des Hellenismus erinnerte. Doch das alte Rom gab noch mehr auf. Es schwor dem Glauben seiner Väter ab und erhob im 4. Jh. das Christentum zur Staatsreligion. Die Verbindung von Judentum und Griechentum bei der Entstehung und Ausbreitung des Christentums war ein Erbe des Hellenismus. Mit dem Sieg des Christentums hat der Hellenismus seine größte Wirkung erreicht und die Geschichte Europas entscheidend geprägt.

Danksagung

Die Anregung, diesen Band zu verfassen, geht auf Herrn Dr. Stefan von der Lahr vom Verlag C. H. Beck zurück; in seinen Händen lag auch die redaktionelle Betreuung. Frau Andrea Morgan hat sich um die Abbildungen bemüht, Frau Manuela Schönecker das Buch herstellerisch betreut. Meine Sekretärin Frau Andrea Wiesen hat das Manuskript mit gewohnter Sorgfalt ins reine geschrieben, Herr Dr. Joachim Hupe die Bildkommentare überprüft, Herr Prof. Dr. Erich Kettenhofen den Text kritisch durchgesehen und förderliche Hinweise beigesteuert. Ihnen allen gilt mein herzlicher Dank.

Zeittafel

222	Niederlage des Spartanerkönigs Kleomenes bei Sellasia
220–217	Bundesgenossenkrieg: der Hellenenbund gegen die Ätoler
219–217	4. Syrischer Krieg, ptolemäischer Sieg bei Raphia 217
218–201	2. Punischer Krieg
215–205	1. Römisch-Makedonischer Krieg (205 Friede von Phoinike)
212	Eroberung von Syrakus durch die Römer, Tod des Archimedes; Bündnis zwischen Römern und Ätolern
206	Ätolischer Separatfrieden mit Makedonien
206–185	Aufstände in Ägypten (186 Thebais wieder unter ptolemäischer Kontrolle)
202–195	5. Syrischer Krieg (200 Sieg Antiochos' III. am Paneion)
200–197	2. Römisch-Makedonischer Krieg (197 römischer Sieg bei Kynoskephalai)
196	Römische Freiheitserklärung für Griechenland
192–188	Römisch-Syrischer Krieg
190/89	Römischer Sieg über Antiochos III. bei Magnesia am Berge Sipylos
188	Friede von Apameia und Verlust Kleinasiens für Antiochos III.; Landgewinne von Pergamon und Rhodos
171–168	3. Römisch-Makedonischer Krieg
170–168	6. Syrischer Krieg
168	Sieg der Römer bei Pydna und Ende der makedonischen Monarchie; Antiochos IV. muß Ägypten räumen
168/7–164	Aufstand der jüdischen Makkabäer
167	Römer verwüsten Epirus; Massenversklavungen
149/8	Aufstand des Andriskos in Makedonien
148	Schaffung der römischen Provinz Macedonia
147/6	Römisch-Achäischer Krieg
146	Zerstörung Korinths und Karthagos durch Rom
133	Pergamenisches Reich durch Attalos III. testamentarisch an Rom vermacht
133–129	Aufstand und Niederlage des Pergameners Aristonikos; 129 Einrichtung der römischen Provinz Asia
129	Tod des Antiochos VII. Sidetes auf Partherfeldzug; endgültiger Verlust Mesopotamiens an die Parther
96	Kyrene von Ptolemaios Apion den Römern testamentarisch vermacht
89/8–85	1. Mithradatischer Krieg
88	«Kleinasiatische Vesper»: Ermordung von 80 000 Italikern
86	Eroberung und Plünderung Athens durch Sulla
83/2	2. Mithradatischer Krieg
74	Nikomedes IV. vermacht Bithynien den Römern
74–63	3. Mithradatischer Krieg; Sieg des Pompeius, Tod des Mithradates 63
64/3	Syrien wird römische Provinz

Bild- und Kartennachweis

Verzeichnis der Dynastien

Alle Jahreszahlen beziehen sich auf die Zeit vor Christi Geburt.

1. Die Achämeniden

Kyros II., der Große	ca. 558–530
Kambyses II.	530–522
Dareios I.	522–486
Xerxes I.	486–465
Artaxerxes I.	465–424
Xerxes II. und Sogdianos	424–423
Dareios II.	423–404
Artaxerxes II.	404–359
Artaxerxes III.	359–338
Arses	338–336
Dareios III.	336–330

2. Die Seleukiden
(die Könige von 125–64 nicht aufgeführt)

Seleukos I. Nikator	Satrap	321–306/5
	König	306/5–281
Antiochos I. Soter		281–261
Antiochos II. Theos		261–246
Seleukos II. Kallinikos		246–225
Seleukos III. Soter		225–223
Antiochos III. der Große		223–187
Seleukos IV. Philopator		187-175
Antiochos IV. Epiphanes		175–164
Antiochos V. Eupator		164–162
Demetrios I. Soter		162–150
Alexander Balas		150–145
Demetrios II. Nikator		145–140 und 129–125
Antiochos VI. Epiphanes		145–142/41 (?)
Antiochos VII. Sidetes		139/38–129

3. Die Ptolemäer

Ptolemaios I. Soter I.	Satrap	323–306/5
	König	306/5–283/2
Ptolemaios II. Philadelphos		283/2–246
Ptolemaios III. Euergetes I.		246–222/1
Ptolemaios IV. Philopator		222/1–204
Ptolemaios V. Epiphanes		204–180
Ptolemaios VI. Philometor		180–145
Ptolemaios VII. Neos Philopator: unsicher		145
Ptolemaios VIII. Euergetes II.		145–116
Ptolemaios IX. Soter II.		116–107 und 88–80
Ptolemaios X. Alexander I.		107–88
Ptolemaios XI. Alexander II.		80
Ptolemaios XII. Neos Dionysos		80–51
Kleopatra VII. u. Ptolemaios XIII.		51–47
Kleopatra VII. u. Ptolemaios XIV.		47–44
Kleopatra VII. u. Ptolemaios XV. Kaisar		44–30

4. Die Antigoniden

Antigonos I. Monophthalmos	Satrap	334–306
	König	306–301
Demetrios I. Poliorketes		306–283
Antigonos II. Gonatas		283–239
Demetrios II.		239–229
Antigonos III. Doson		229–221
Philipp V.		221–179
Perseus		179–168

5. Die Attaliden von Pergamon

Philetairos	281–263
Eumenes I.	263–241
Attalos I. Soter	241–197
Eumenes II. Soter	197–159
Attalos II. Philadelphos	159–138
Attalos III. Philometor	138–133

Die beiden ersten Attaliden haben den Königstitel noch nicht geführt.

Weiterführende Literatur in Auswahl

Für eine erste Orientierung über Einzelthemen, Zusammenhänge und Forschungsstand (mit ausführlichen Literaturhinweisen) sind folgende Titel besonders zu empfehlen:

Gehrke, H.-J., Geschichte des Hellenismus (Oldenbourg Grundriß der Geschichte 1 a), München ²1995

Schmitt, H. H.; Vogt, E., Kleines Lexikon des Hellenismus, Wiesbaden ²1993

Walbank, F. K., Die hellenistische Welt, München 1983

Übersetzte Zitate antiker Autoren sind, soweit sie nicht vom Verfasser stammen, folgenden Werken, ggf. mit leichten Änderungen, entnommen:

Apuleius, *Metamorphosen* oder *Der goldene Esel*, lateinisch und deutsch von R. Helm (Schriften und Quellen der Alten Welt I), Berlin ²1956

Arrian, *Anabasis: Der Alexanderzug. Indische Geschichte*, griechisch und deutsch, hrsg. und übers. von G. Wirth und O. von Hinüber (Sammlung Tusculum), München u. a. 1985

Makkabäer: Die Bibel. Die Heilige Schrift des Alten und Neuen Bundes, deutsche Ausgabe mit den Erläuterungen der Jerusalemer Bibel hrsg. von D. Arenhoevel, A. Deissler, A. Vögtle, Freiburg i. Br. 1968

Paulus, *Kolosser*: ebda.

Alekseev, A. Ju.; Murzin, V. Ju.; Rolle, R., Königskurgan Čertomlyk. Ein skythischer Grabhügel des 4. vorchristlichen Jahrhunderts, 2 Bde., Mainz 1988

Andreae, B., Skulptur des Hellenismus, Darmstadt 2001

Bengtson, H., Griechische Geschichte von den Anfängen bis in die römische Kaiserzeit, München ⁵1977

Berve, H., Das Alexanderreich auf prosopographischer Grundlage, 2 Bde., München 1926

Bichler, R., ‹Hellenismus›.Geschichte und Problematik eines Epochenbegriffs, Darmstadt 1983

Blasius, A.; Schipper, B. U. (Hrsgg.), Apokalyptik und Ägypten. Eine kritische Analyse der relevanten Texte aus dem griechisch-römischen Ägypten, Löwen u. a. 2002

Bringmann, K., Hellenistische Reform und Religionsverfolgung in Judäa. Eine Untersuchung zur jüdisch-hellenistischen Geschichte (175–163 v. Chr.), Göttingen 1983

ders., von Steuben, H. (Hrsgg.), Schenkungen hellenistischer Herrscher an griechische Städte und Heiligtümer, 2 Teile, 3 Bde., Berlin 1995–2000

Brodersen, K.; Günther, W.; Schmitt, H. H., Historische griechische Inschriften in Übersetzung, 3 Bde., Darmstadt 1992–1999

Clauss, M., Kleopatra, München 1995

Dahlheim, W., Gewalt und Herrschaft. Das provinziale Herrschaftssystem der römischen Republik, Berlin u. a. 1977

Deininger, J., Der politische Widerstand gegen Rom in Griechenland 217–86 v. Chr., Berlin u. a. 1971

Dreyer, B., Untersuchungen zur Geschichte des spätklassischen Athen (322–ca. 230 v. Chr.), Stuttgart 1999

Droysen, J. G., Geschichte des Hellenismus, 3 Bde., hrsg. von E. Bayer, Tübingen 1952–1953 (Originalausgabe ²1877–1878)

Ehrenberg, V., Der Staat der Griechen, Zürich u. a. ²1965

Errington, M., Geschichte Makedoniens, München 1986

Fraser, P. M., Ptolemaic Alexandria, 3 Bde., Oxford 1972

Funck, B. (Hrsg.), Hellenismus. Beiträge zur Erforschung von Akkulturation und politischer Ordnung in den Staaten des hellenistischen Zeitalters, Tübingen 1996

Gauthier, Ph.; Hatzopoulos, M. B., La loi gymnasiarchique de Béroia, Athen 1993

Grimm, G., Alexandria. Die erste Königsstadt der hellenistischen Welt. Bilder aus der Nilmetropole von Alexander dem Großen bis Kleopatra VII., Mainz 1998

Gruen, E. S., The Hellenistic World and the Coming of Rome, 2 Bde., Berkeley u. a. 1984

Habicht, Chr., Gottmenschentum und griechische Städte, München ²1970

ders., Athen. Die Geschichte der Stadt in hellenistischer Zeit, München 1995

Hammond, N. G. L.; Griffith, G. T.; Walbank, F. W., A History of Macedonia, 3 Bde., Oxford 1972–1988

Heinen, H., Untersuchungen zur hellenistischen Geschichte des 3. Jahrhunderts v. Chr. Zur Geschichte der Zeit des Ptolemaios Keraunos und zum Chremonideischen Krieg, Wiesbaden 1972

ders., Vorstufen und Anfänge des Herrscherkultes im römischen Ägypten, in: W. Haase, H. Temporini (Hrsgg.), Aufstieg und Niedergang der römischen Welt (ANRW), Teil II, Bd. 18, Berlin u. a. 1995, S. 3144–3180, Taf. I–XII

Hengel, M., Judentum und Hellenismus. Studien zu ihrer Begegnung unter besonderer Berücksichtigung Palästinas bis zur Mitte des 2. Jhs. v. Chr., Tübingen ³1988

Hengstl, J. (Hrsg.), Griechische Papyri aus Ägypten als Zeugnisse des öffentlichen und privaten Lebens, griechisch-deutsch, München 1978

Hölbl, G., Geschichte des Ptolemäerreiches. Politik, Ideologie und religiöse

Kultur von Alexander dem Großen bis zur römischen Eroberung, Darmstadt 1994

Huss, W., Ägypten in hellenistischer Zeit, 332–30 v. Chr., München 2001

Kaerst, J., Geschichte des Hellenismus, 2 Bde., Leipzig u. a., Bd. 1: ³1927, Bd. 2: ²1926

Krauss, J., Die Inschriften von Sestos und der thrakischen Chersonesos, Bonn 1980

Mehl, A., Seleukos Nikator und sein Reich, I. Teil: Seleukos' Leben und die Entwicklung seiner Machtposition, Löwen 1986 (mehr nicht erschienen)

Merkelbach, R., Isis regina – Zeus Sarapis. Die griechisch-ägyptische Religion nach den Quellen dargestellt, Stuttgart u. a. 1995

Mooren, L., La hiérarchie de cour ptolémaïque. Contribution à l'étude des institutions et des classes dirigeantes à l'époque hellénistique, Löwen 1977

ders. (Hrsg.), Politics, Administration and Society in the Hellenistic and Roman World, Löwen 2000

Niese, B., Geschichte der griechischen und makedonischen Staaten seit der Schlacht bei Chaeronea, 3 Bde., Gotha 1893–1903

Orth, W., Königlicher Machtanspruch und städtische Freiheit. Untersuchungen zu den politischen Beziehungen zwischen den ersten Seleukidenherrschern (Seleukos I., Antiochos I., Antiochos II.) und den Städten des westlichen Kleinasien, München 1977

Pfrommer, M., Alexandria. Im Schatten der Pyramiden, Mainz 1999

ders., Alexander der Große. Auf den Spuren eines Mythos, Mainz 2001

Préaux, Cl., Le monde hellénistique. La Grèce et l'Orient de la mort d'Alexandre à la conquête romaine de la Grèce (323–146 av. J.-C.), 2 Bde., Paris ²1987–1988

Radt, W., Pergamon. Geschichte und Bauten einer antiken Metropole, Darmstadt 1999

Roeder, G., Die ägyptische Götterwelt, Zürich u. a. 1959

Rostovtzeff, M., Gesellschafts- und Wirtschaftsgeschichte der hellenistischen Welt, 3 Bde., Darmstadt 1955 (ND 1998)

Rupprecht, H.-A., Kleine Einführung in die Papyruskunde, Darmstadt 1994

Schachermeyr, F., Alexander der Große. Das Problem seiner Persönlichkeit und seines Wirkens, Wien 1973

Schneider, C., Kulturgeschichte des Hellenismus, 2 Bde., München 1967-1969

Seibert, J., Die Eroberung des Perserreiches durch Alexander den Großen auf kartographischer Grundlage, 2 Bde. (Text und Karten), Wiesbaden 1985

Sherwin-White, S.; Kuhrt, A., From Samarkhand to Sardis. A New Approach to the Seleucid Empire, London 1993

Strobel, K., Die Galater. Geschichte und Eigenart der keltischen Staatenbildung auf dem Boden des hellenistischen Kleinasien, Bd. 1, Berlin 1996

Tarn, W. W., Die Kultur der hellenistischen Welt, Darmstadt ³1966

ders., Alexander der Große, 2 Bde., Darmstadt 1968

The Cambridge Ancient History, Bde. VII–IX, Cambridge 1984–1994, hrsg. von F. W. Walbank u. a. – VII 1: The Hellenistic World – VII 2: The Rise of Rome to 220 B. C. – VIII: Rome and the Mediterranean to 133 B. C. – IX: The Last Age of the Roman Republic

The Cambridge History of Iran, Bd. 3, 2 Teile: The Seleucid, Parthian and Sasanian Periods, hrsg. von E. Yarshater, Cambridge u. a. 1983

Urban, R., Wachstum und Krise des Achäischen Bundes. Quellenstudien zur Entwicklung des Bundes von 280 bis 222 v. Chr., Wiesbaden 1979

Weber, G., Dichtung und höfische Gesellschaft. Die Rezeption von Zeitgeschichte am Hof der ersten drei Ptolemäer, Stuttgart 1993

Wiesehöfer, J., Das antike Persien von 550 v. Chr. bis 650 n. Chr., Zürich 1993

Will, Ed., Histoire politique du monde hellénistique (323–30 av. J.-C.), 2 Bde., Nancy ²1979–1982

Register